Вацлаў Ластоўскі
Мовазнаўчыя працы

Вацлаў Ластоўскі

Мовазнаўчыя працы

SKARYNA PRESS

Uładzisłaŭ Harbacki (ed.)
Vacłaŭ Łastoŭski: Works in Linguistics.

SKARYNA PRESS
Вільня • Лёндан
2023

Укладальнік: Уладзіслаў Гарбацкі
Рэдактары: Арына Астроўская, Уладзіслаў Гарбацкі, Ігар Іваноў
Тэхнічны рэдактар: Данатас Акманавічус
Дызайн вокладкі: Уладзіслаў Рахуба

На вокладцы выкарыстаная першая старонка рукапіснай працы Вацлава Ластоўскага *Niamiecki dla pačynajučych*, якая захоўваецца ў архіве Бібліятэкі Акадэміі навук Летувы імя Ўрублёўскіх.

ISBN 978-1-915601-31-5

Зьмест

Прадмова ўкладальніка

Ля вытокаў беларускай сацыялінгвістыкі

Вацлаў Ластоўскі – нестандартная постаць у беларускай прасторы. Чалавек-аркестар. Беларус ці, дакладней, крывіч, які праявіў сябе ў шматлікіх навуковых і грамадзкіх сфэрах: у гісторыі, літаратуры, літаратуразнаўстве, этнаграфіі, выдавецкай дзейнасьці, палітыцы, дыпляматыі. Быў ён, да ўсяго, і мовазнаўцам, хаця не вучыўся на яго. Але з волі лёсу стаўся ім, каб разьвіць сацыяльнае мовазнаўства, адрознае ад клясычнай філялёгіі. Гэтая патрэба літаральна лунала ў эўрапейскім паветры напярэдадні Першай сусьветнай вайны. Падчас вайны яна вылілася ў Францыі ды ўсёй Эўропе ў мовазнаўчых колах у публічныя дэбаты паміж клясычнымі мовазнаўцамі і сацыяльнымі мовазнаўцамі, якія потым стануць называцца сацыялінгвістамі. Вядомы канфлікт паміж прыхільнікамі швайцарскага лінгвіста Фэрдынана дэ Сасюра (1857–1913) і францускім мовазнаўцам Антуанам Мэе (1866–1936) у 1916 годзе набыў форму, калі францускі мовазнаўца і вучань дэ Сасюра Антуан Мэе зрэагаваў на апублікаваную пасьля сьмерці мэтра кнігу "Курс агульнай лінгвістыкі" (1916). На зьдзіў А. Мэе, мэтар, які пры жыцьці заўсёды вызначаў мову як сацыяльную частку, праігнараваў гэтую аксыёму ў сваім фундамэнтальным творы. Таму А. Мэе скрытыкаваў мэтра, стварыўшы аснову для будучай сацыялінгвістыкі: «*Адзьдзяляючы моўныя зьмены ад зьнешніх умоваў, ад якіх яны залежаць, Фэрдынан дэ Сасюр пазбаўляе іх рэальнасьці; гэта зводзіць іх да абстракцыяў, якія ніколі ня вытлумачыць*». З таго часу мовазнаўчы сьвет умоўна падзяліўся на два лягеры.

Вядома, у Беларусі інтэлектуальнае кола таксама сачыла за дэбатамі і рэагавала на такі падзел. Вацлаў Ластоўскі, які ня быў клясычным філёлягам, але ж працаваў на мовазнаўчай ніве, натуральна ўпісаўся ў агульнаэўрапейскія дэбаты і далучыўся да г.зв. сацыяльных мовазнаўцаў. Прыгадаем першы мовазнаўчы тэкст В. Ластоўскага – “З нашага жыцьця. Перапіска ў беларускай мове”, які зьявіўся ў “Нашай Ніве” у 1912 годзе. Ужо ў гэтым тэксьце выразна чыталіся і дамінавалі экстралінгвістычныя тлумачэньні і зацікаўленасьці дасьледніка. Паступова непрафэсійны мовазнаўца стаўся вядомым прафэсійным лексыкографам, стваральнікам слоўнікаў і, кажучы сучаснай мовай, адным зь першых беларускіх сацыялінгвістаў. Аналізуючы як першыя, так і ў цэлым усе мовазнаўчыя тэксты В. Ластоўскага, можна сьмела заўважыць, што ён стаяў ля вытокаў беларускай сацыялінгвістыкі. Прыгадаем, што пры жыцьці В. Ластоўскага гэты канфлікт паміж клясычнымі і сацыяльнымі мовазнаўцамі не аднойчы праяўляўся, і сам Ластоўскі часта трапляў у яго: на карысьць гэтага сьведчыць вядомая крытыка працаў нефілёляга Ластоўскага філёлягамі С. Некрашэвічам, Я. Станкевічам ды ішымі. Цікава, што выключна сухі мовазнаўчы падыход без уліку экстралінгвістычных чыньнікаў В. Ластоўскі крытыкаваў на манер А. Мэе і называў “азыяцкім абсалютызмам”[1], які шкодзіць мове, граматыцы і беларускай справе.

[1] V. Lastouski, *List Ksiandzu Wladyslawi Taločko*, Адзьдзел рукапісаў Бібліятэкі Акадэміі навук Летувы імя Ўрублеўскіх, Вільня, F21-2172.

Няма сумневу, сьмелы экстралінгвістычны падыход В. Ластоўскага ў мовазнаўстве застаецца й сёньня сучасным і надзвычай карысным. Сацыяльныя, палітычныя тлумачэньні разьвіцьця ў мове, рэвізія каляніялісцкіх і стэрэатыпізаваных схемаў і поглядаў на беларускую мову, прапанаваных расейскімі, польскімі ды наагул заходнімі навукоўцамі 19–20 ст., агучваньне беларусацэнтрычнай пазыцыі ў сьвеце, які ігнараваў і дагэтуль ігнаруе беларушчыну, – усё гэта робіць В. Ластоўскага непаўторным крытычным, руплівым, няхай часам крыху і рамантычным дасьледнікам.

Сёлета – у 2023 годзе – Беларусь адзначае 140-годзьдзе выбітнага дзеяча і навукоўца. Надыйшоў час асобна адзначыць і ў чарговы раз падкрэсьліць унёсак В. Ластоўскага ў мовазнаўства. Упершыню сабраныя разам, выдаюцца цікавыя, сьмелыя і наватарскія мовазнаўчыя тэксты В. Ластоўскага, якія дасюль выклікаюць спрэчкі, дэбаты і жвавы інтарэс. Каб асучасьніць мовазнаўчыя дэбаты і ацаніць геній расстралянага саветамі беларуса, важна і зручна мець усю ягоную спадчыну ў моўнай галіне пад адной вокладкай.

Такім чынам, на суд чытацтва выносіцца досыць поўны збор мовазнаўчай спадчыны В. Ластоўскага. Апроч гэтага, вашай увазе прапануецца пасьляслоўе прафэсаркі Ніны Баршчэўскай, якая здаўна цікавіцца постацьцю В. Ластоўскага і аналізуе моўную дзейнасьць выкрасьленага за саветамі акадэміка. Пасьляслоўе прафэсаркі складаецца з двух артыкулаў (“Нацыянальная мова ў дасьледаваньнях беларускага эміграцыйнага асяродку ў Коўне”, “Роля Вацлава Ластоўскага ў адраджэньні беларускае мовы”), якія сталіся своеасаблівым гідам па мовазнаўчай спадчыне аднаго зь першых нашых сацыялінгвістаў.

Уладзіслаў Гарбацкі

З нашага жыцьця

Перапіска ў беларускай мове

Гэтымі днямі давялося мне быць ў аднэй targовай фірме, каторая мае ясны нацыональны не-беларускі характэр і вядзе сваю работу па ўсім блізка нашым краю, а з гэтай прычыны мае шырокую перапіску з рознымі людзьмі. Калі я туды прыйшоў, мне адразу кінулося ў вочы лежачае на стале пісьмо, пісанае да гэтай фірмы ў беларускай мове. Загаварыўшы аб гэтым пісьме, я даведаўся, што гэта ня первае ўжо такое пісьмо і што ўсё часьцей ў пісьмах бывае беларуская мова. Гэта мяне зацікавіло, і я пачаў распытывацца ў другіх фірмах і інстытуціях грамадзянскаго характэру, ці не атрымліваюць і яны пісем ў беларускай мове. Паказалося, што ўсюды, дзе я пытаўся, такіе прыпадкі часьцей ці радзей здараліся.

Чэсць і слава тым людзям, каторые так паступаюць. Яны зразумелі, што гэта – йшчэ адзін крок да дарогі, ідучы па каторай адалеем мы здабыць грамадзянскіе правы для сваей мовы ў сваей роднай зямлі. Датуль, пакуль мы, беларусы, не прагаворым самі ў сваей мове да торговых фірм і інстытуцій, яны самі не паруняцца гаварыць да нас па нашаму. А калі зачнем звертацца да іх ў нашай мове, то яны, хочучы мець у нас пакупцоў на свой тавар, будуць гаварыць з намі па нашаму, надрукуюць каталогі у нашай мове і, заместа опалячываньня, або абрусеньня нас праз таргоўлю і крамы, будуць служыць нашай справе. Тые людзі, каторые дагэтуль звярталіся да тарговых фірм па беларуску, паказалі ім, што з намі трэба лічыцца; яны паказалі, што і мы – сіла. Калі беларусы пачнуць па беларуску звертацца да тарговых інстытуцій, да дактароў, да адвакатоў і да ўсіх іншых, хто ад іх зарабляючы жыве і багацее, тады хутка знойдуцца беларускіе тарговые фірмы, беларусы адвакаты, беларусы дактары.

Гістарычные варункі нашаго гаротнага народу злажыліся так, што, гонячыся за прывілеямі і магнацкай ласкай, пакінула нас наша інтэлігенцыя – ўся блізка шляхта сталася польскай, гарады так сама страцілі наш беларускі характэр, але русьняк беларус заняў зямлю, ён і ёсць той „*народ*“, ў каторага руках сіла, з мазаля каторага корміцца і горад і двор і інтэлігенцыя. І вос мы, беларусы, як сіла народная, можэм і павінны вымагаць, каб інтэлігенцыя, якой бы нацыі яна сама ні была, шанавала-бы нас, як людзей, і пашану гэту выказывала, шануючы нашу мову.

Праўда, што у наш час, калі на беларуса за кожнае слова сказанае, ці напісанае ў роднай мове, с-пад кожнага куста сіпіць нейкая гадзіна, то нават на тое, каб прагаварыць ў роднай мове, трэба грамадзянскай адвагі; але, дзякаваць Богу, як бачым, не з адных толькі палахлівых людзей складаецца беларускі народ. Пачатак ўжо зроблен, і шлях паказан; ніхай-жэ і ўсе сьвядомые беларусы гэтак сама робяць.

«Наша Ніва», № 10, 8 (21) сакавіка 1912 г., б. 1.

U sprawie mowy u cerkwach

Užo pieršyje wučycieli chryścijanstwa na Biełarusi adčuwali patrebu narodnaj mowy u cerkoŭnaj służbie i, pačynajučy s XIII staleććia, bačym, što ŭ cerkoŭnaj literatury zjaŭlajucca duchoŭnyje twory z mienšym, abo bolšym čysłom narodnych biełaruskich słoŭ. U XIV i XV staleććiach heta patreba zrazumiełaj mowy uzrastaje, i pačynajuć zjaŭlacca twory cerkoŭnaj litaratury ŭžo ŭ čysta narodnaj biełaruskaj mowie („*Повѣсть о трохъ королякѣ*“, *Страсти Христовы* i mnoha inš.). A u pačatkach XVI staleććia patreba zrazumiełaj dla biełarusoŭ biblijnaj literatury była hetkaja wialikaja, što wilenskije bractwy wysyłajuć wučonaho biełarusa, Franciska Skarynu „s Połacka“, ažno u Prahu, staličnaje miesto Českaj dzieržawy, kab jon tam nadrukawaŭ światoje pisańnie ŭ mowie biełaruskaj „dziela lepšaho wyrozumieńnia ludu pospolitomu“.

Tahočasnyje ludzi razumieli, što „meta cerkwi – nawučyć ludziej praŭdy“ (Riml. X, 14–18); što Chrystos zahadaŭ wučenikom swaim „nawučać *usie narody*“ (Macieja, XXVIII, 19), a «Apostoł jazykoŭ» zapawiedaŭ nawučać pa cerkwach tolki saŭsim zrazumiełaj mowaj, mowaj narodnaj (I Korynf. XIV, – 6–34). I choć biełaruskaja mowa nie zaŭsiody užywałasia ŭ liturhii, ale zatoje u cerkoŭnych kazańniach jana zajmaje pačesnaje miejsco.

Dyj jakoj-že mowaj možna nawučać ludziej prostych, kali nie ich rodnaj, dobra im zrazumiełaj?

I, dziakujučy rodnaj zrazumiełaj mowie, prawasławije biełaruskaje može saŭsim sprawiadliwa chwalicca takoj słaŭnaj kartaj z našaj historyi, jak zmahańnie za swaju wieru bractw. Ale pryjšoŭ čas upadku narodnaho, i ŭ cerkwach – u kazańniach – iznoŭ zapanawała čužaja, niezrazumiełaja mowa: pierš polskaja, a pośle rasiejskaja. I kali, čytajučy stranicy našaj historyi, u katorych apisywajecca ahnistaja wiera i staroje «błahačestie» biełarusoŭ, adwierniem wočy na sučasnaje pałažeńnie našaho narodu, to sumna nam stanie za toj upadak da jakoha my dajšli.

Narod naš ciomny, a jaho relihijnasć – i u prawasłaŭnych, i u katalikoŭ – napaławinu pahanskaja, tolki abradowaja, zwierchniaja. Molicca jon biez wyrazumieńnia, prosta, jak baby znacharki wyšeptywajuć chwarobu. U wačach našaho prostaho sielanina, dziakujučy niezrazumiełaj mowie, relihija stałasia „wyšeptywańniem“, asobiennaj formaj pahanstwa.

Prawasłaŭnyje našyje świaščeniki napadajuć na katalictwo za polščynu i za łacinu, ale i sami robiać nia lepiej, bo nia tolki atpraŭlajuć słužbu małazrazumiełaj, nawat dla ludziej aświečenych sławianskaj mowaj, dy ješče kažuć kazańna (propowiedzi) u čužoj mowie, prawodziačy denacionalizaciju biełarusoŭ.

A što z hetaho wychodzić, pakazywajuć malitwy nabožnych sielanak, katoryje, – jak raskazywaje I. S–č u „Бѣлор. Учит. Вѣстн.“ za 1910 hod № 4 (u st. „Воспоминанія учтеля бѣл. нар. уч“) – z dobraj wieraj i z wialikaj nabožnaściu haworačy symwoł wiery, wymaŭlajuć čaćwiorty člen jaho: «pry ponstistym Piłacie, prymasciŭsia na pałaci»...

Smiech i žal!

Žal za wučycieloŭ i pastyroŭ cerkwi, bo nia ŭsie jany winawaty tut: bolš winawata čužaja mowa, dy ješče taja palityka jakaja wiadziecca ciapier u našaj Biełarusi.

«Naša Niwa», № 4, 26 (8) studnia (janwara) 1912, b. 2.

Родная мова

Кожны народ гаворыць аб дабрэ і зле сваей мовай, і гэта яго права; бо мова – гэта плод географічных і гістарычных варункоў народу, яго звычаёў і абычаёў.

І болей: мова кожнага асобнага народа – гэта сумма перэжываньнёў, сумма душ яго жывых і даўно адыйшоўшых у вечнасць пакаленьнёў.

Родная мова – гэта мільёны жывых клетачак мозгу, унасьледаваных чэлавекам ад папярэдзіўшых яго пакаленьнёў, мільёны пераживаньнёў красы, дабра і зла, згукоў і форм; нешчысьлёнае багацьця душы, каторае аткрываецца толькі пад дотыкам тых самых згукоў, каторые нарадзіліс у душах далёкіх пакаленьнёў.

Родная мова – гэта музыка душы, каторай Навышні Стварыцель адарыў чэлавека, гэта натуральны фундамэнт на каторым чэлавек павінен будаваць дом сваей сілы духоўнай, свайго розуму, пачуцьця дабра і зла, справядлівасьці і крыўды, красы і брыдзі.

І горэ таму, хто паднімае руку проці законоў напісаных у кнізе Жывата, рукою Стварыцеля.

Падобен ён да таго неразумнага чэлавека, каторы будуе дом свой на пяску: спадзе дождж і пацякуць воды і зрыюць яго будоўлю.

Будуйця дом сваей мудрасьці, палацы душы сваей на скале, катора ёсць родная мова.

Душа, бяз роднай мовы, гэта кветка без каранёў – гэта разбітая скрыпка, пусты дом напоўнены трупамі.

Душа Жывога не павінна быць гробам пабеляным, каторы панадзен з верху, а ў сярэдзіне повен гнілі; але павінна быць домам радасьці, у каторым грае музыка напевоў калысных вашых матак і бабак і жыве сіла дзядоў і прашчуроў.

Родная мова чаруе душу і душа рвецца да яе, бо яна калыска душы, гордасць і імя народу.

Сыны Народу павінны любіць і шанаваць яе, бо адна яна жывая крыніца нашага розуму, пачуцьцёў і семя душы нашай, яна чароўны лек і аружжэ проці сьмерці.

Толькі яе чароўная музыка мае сілу будзіць душы памершых нашых дзядоў, і аткрываць перэд намі безканечнасць перэжываньнёў тых, каторые радзілі нас і адыйшлі у вечнасць.

Іх душы жывуць у мільёнах нашых мазгавых клетак, у фібрах душы і ажываюць толькі пад гудзьбу згукоў роднае мовы.

Родная мова наша, для нас, гэта музыка ўсіх пачуцьцёў, якіе перэжываў народ наш: яго болесьцей і радасьцей, голас яго сэрца і сьвятло яго розуму.

Але якжэ аткрыецца перэд намі наша сэзамская скарбніца, калі ключ да яе, наша мова, або папсован, або загублен намі?

Якжэ мы дабудзем укрытые ў душы нашай скарбы, каторые сабіралі і акуплялі цаной жыцьця і жыцьцёвай практыкі нашы бацькі? Як дабудзем тые нешчысьлёные багацьця мысьлі, паэзіі і перэжываньнёў бацькоў нашых, калі мы забыліся, або сказілі слова, што выклікае іх?

І як мы выкажэм аздобнасць душы нашай, і скуль возьмем аружжэ і сілу ў змаганьні за жыцьцё народу, калі чароўная скрыпка, мова наша, папсована?

Мала, Сыном Народу, прызнаваць права на жыцьцё нацыональнай душы – мовы.

Гэтаго не адмовяць нам і чужынцы.

Ад вас, Сыны Народу, вымагаецца болей: вы павінны быць лепшымі! вы павінны будзіць душу сваю і шукаць ключа да нешчысьлёных скарбоў, бо вы правые насьледнікі бацькоў вашых, а не байструкі і падкідышы.

Вы павінны вучыцца роднай мовы, старацца разумець усе адцені чароўнай яе музыкі, павінны ачышчаць яе ад злога зельля, каторае пасеяў на ніве нашай, благі чэлавек, калі работнікі, патомленые днеўнай працай, спалі у ночы.

Кожны беларус павінен, болей чым іншые народы, старацца ачышчаць родную мову ад чужых слоў і зваротоў, бо найміты цемры шукаюць душы нашай, каб забіць яе і затручаюць атрутай крыніцы, скуль пье душа наша.

Запраўды, хто перэсыпае родную мову сваю чужымі славамі, не мае права казаць, што ён любіць яе.

А хто не знае роднай мовы, ня годзен называцца Сынам Народу.

«Наша Ніва», № 6, 7 лютаго 1914 г., б. 1.

З-пад праху вякоў

У нашай беларускай мове, як, можа, нідзе ні ў якой іншай, багата слоў такіх, каторыя па тысячы і болей гадоў пратрывалі і дажылі да нашых часоў. Толькі ж словы гэты хоць дажылі, але праз даўгія сталецці сталіся незразумелымі нам: слова асталася, але тыя, каторыя гаварылі і разумелі, сышлі пад зямельку, і слова сталася для нас нямым. Каб уразумець змест слова, трэба многа з усіх канцоў Беларусі сабраць аб ім вестак. Не адно з такіх слоў прыкрывае сабой цэлы свет пра цікавых паняццяў. Ажывіць гэтыя словы і зразумець іх значэнне яшчэ можна, абы толькі кожны з вас патрудзіўся дзеля добрай справы і ўсё, што можа даведацца аб гэта ад старых людзей, пастараўся запісаць.

Словы, каторых значэння я дашуківаюся, такія: багач, варапай, волат, Кашчэй, Наўскі вялікдзень, Стаўры, Ярэц.

Багач. Слова «багач» дужа старое, азначае агонь, гарачыя вугалі. Ці ўжываюць у вас гэтага слова? У якім значэнні? Ці не расказваецца ў казках або ці не пяецца ў песнях аб багачу, як аб жывой асобе?

Варапай. Гэтае слова сустракаецца ў вясельных песнях, пяецца: «Ах ты, караваю-варапаю!» На Падзвінні расказваюць людзі, што Варапай – гэта такое стварэнне, на хрыбце каторага трымаецца зямля. Падобен ён да варапоўкі (жабы, рапухі), але з зарослыма вачыма.

Ці ёсць каля вас падобная легенда? Што разумеюць пад словам «Варапай»? Чаму каравай называюць Варапаем? На чым – калі расказваюць у вас – трымаецца зямля?

Волат. Валатоўкамі многа дзе на Беларусі называюць курганы-магілы (магілы волатаў). Расказваюць людзі, што жыло калісь на свеце племя дужа вялікіх людзей, так вялікіх, што цяперашні чалавек перад волатам выглядаў, бы мурашка перад цяперашнім чалавекам. Пачалі малець людзі ад таго, што сталі есці варанае. Адзін раз дзеўка валатоў ішла полем і ўбачыла звычайнага чалавека, што араў валамі, яна ўзяла таго чалавека разам з плугам і валамі на далонь, прынесла да свайго бацькі і кажа:

— Ці бачыў, ты, тата, якая смешная мурашка ў мяне на руцэ?

А бацька ёй кажа:

— Не, дзеўка, гэта не мурашка, а такі ж чалавек, як і мы, толькі маленькі. Калісь усе людзі будуць такія, а перад канцом свету яшчэ болей паменшаюць: будуць усемярых аднаго пеўня рэзаць. Ці называюць у вас курганы валатоўкамі, а калі не, то як? Ці ёсць якія расказы і казкі аб волатах, аб касцях іхных ды інш.

Кашчэй. Слова гэтае вядомае ў старой пісьменнасці (ад XII в.), азначала калісь – раб, нявольнік, цяпер сустракаецца ў казках. Што разумеюць у вас пад гэтым словам?

Наўскі вялікдзень. Навій па-славянску знача нябожчык. Наўскім, нашскім, наскім вялікаднем называюць вясеннія памінкі па дзядах, у адным месцы Радаўніцу, у другім Сёмуху. Ці праўляюць у вас вясной памінкі і як іх называюць? Калі Наўскі вялікдзень – на Радаўніцу ці на Сёмуху?

Стаўры. Каля Дзвіны і Бярэзіны ў першай палавіне XIX ст. святкавалі перад Сёмухай Стаўроўскія дзяды. У часе вячэры на гэтых Дзядах гаспадар, узяўшы ў руку місу з куццёй, кланяўся на покуць і тры разы казаў: «Стаўры, Гаўры, гам, прыходзьце к нам».

Ёсць казка, у каторай расказваецца, што былі ў аднаго князя два сабакі – Стаўры і Гаўры, каторых ён любіў дужа, а калі яны адзін па адным акалелі, то князь той загадаў спраўляць па іх штогоду памінкі. Казка гэта, як з усяго відаць, зложана ў пазнейшыя часы хрысціянскім духавенствам, каторае змагалася з перажыткамі даўнай паганскай веры. Гэтак паганскія багі пад уплывам хрысціянскага духавенства ператварыліся ў «бесаў», а дзяды-пагане – у «псоў».

Слова «Стаўры» прыкрывае сабой багаты змест. Дзеля большага выяснення, кудой ісці ў шуканні, дадам, што ў старадаўныя, паганскія часы былі вядомы ў нас імёны людзей: Ставер, Стаўро, Ставр, гэтае апошняе імя меў адзін з наўгародскіх сотнікаў каля 1118 г.

Адзін селянін з-пад Дзісны тлумачыў мне, што «Стаўры – гэта былі такія людзі да паяса чалавек, а ад паяса конь». Ці святкуюцца ў вас Стаўроўскія (кажуць яшчэ Старарускія) дзяды і калі? Ці ёсць якія расказы, звязаныя з гэтым іменем?

Ярэц. Старое названне месяца мая. Ці называюць цяпер гэтак гэты месяц? Што разумеюць пад гэтым словам?

1914

Ластоўскі В. Выбраныя творы:
Уклад., прадмова і каментарыі Я. Янушкевіча. – Мн.:
«Беларускі кнігазбор», 1997. – С. 291–292.

Крыху цікавых слоў

Кожны культурны народ стараецца пазнаваць сваю мову ды разьбіраць значэньне паасобных слоў і іх гісторыю, каб знаць родную мову і родную гісторыю. Дужыя народы маюць дзеля выўчэньня сваей мовы асобные вышэйшые школы, вучуць яны роднай мовы і сваю моладзь па сярэдніх і ніжэйшых школах, бо мова родная адбівае ў сабе ня толькі цяперашнюю душу народу, але і расказывае яго гістарычные перэжываньня. Кожны народ павінен пазнаваць сваю жывую мову, ад'жыўшые паасобные словы з яе, каб разумець дух мовы, а гэто і мы, беларусы, павінны рабіць дзеля таго-ж самаго.

Гісторыя мовы, гэта – абшырная навука і ўсю яе абхапіць у кароткіх нарысах цяжка, дзеля гэтаго прашу не марокаваць на мяне, што аграніччуся толькі тлумачэньнем горсткі паасобных слоў.

Ёсьць у нашай мове слова «*сачыць*», каторае азначае сьлядзіць, дашуківвацца. Калісь, за князёўскіх часоў былі паміж іншымі службавые людзі, каторые даглядалі лясоў і зьверыны і на іх павіннасьці лежало устраіваць аблавы. Людзі гэтые называліся «асо́чнікі». Выбіралі іх с паміж селян князеўскіе рэвізары. Асо́чнік не адбываў ніякіх іншых павіннасьцей, апрача дагляданьня лясоў і зьвярыны, і за гэта карыстаўся раней двумя, а пазьней аднэй валокай зямлі. Слова «сачыць» дужа старое, сустрэчаецца і ў стараславянскай мове, паміж іншымі памятнікамі і у «Рускай Праўдзе» і гэтак сама азначае разследаваньне, розыск. Жывая беларуская мова ва ўсіх закутках Беларусі знае гэтае слова у старым яго значэньні, а ў іншых мейсцох і ў разшырэнным. Гэтак, у Вітэбшчыне і заходняй часьці Віленшчыны пад словам «сачыць» разумеюць ня толькі сьлядзіць, патпілновываць (сачыць курыцу, дзе яна нясецца), але кажуць такжэ: «сын бацьку пасачыў», у значэньні, што сын падобен да бацькі, ўнасьледаваў па бацьку падобнасьць с твару, ці характэру. Ёсьць такжэ слова «*асачыць*», значэ акружыць што кругам каб узяць – акружыць розыскамі.

Друк. Слова гэта пачаткова азначало палку, кіёк. І цяперу нас называюць «друкамі» сукастые калы, на каторых сушуць льняные галоўкі перэд малацьбой (Дзісенскі пав.); а у іншых мейсцох (Магіл. губ. на поўдзень) кажуць «вазьмі davроčок і прыжані гусей», гэта значэ: «вазьмі палку (кіёк) і прагані гусей».

Пляніца. У жывой беларускай мове пляніца называюць расток; ад гэтаго слова пайшло «пляніцца» знача раскарэняцца, «племя» значэ грамада аднаго карэня, расплод – «пакінуць на племя», значэ на расплод, «племянік», «плён» і інш.

Шчыр. Кажуць на Беларусі «шчыр-бор», «зачапіў лемешам шчырэц», «шчырка». Заўсёды у значэньні цэліны. «Шчыр-бор» – значэ бор, у каторым не ступіла людзкая нага; «шчырэц» значэ слой зямлі, катораго не крануў да таго лемеш, «шчыр-дзяўчына» кажуць у значэньні расейскаго слова «дѣвственница». Апрача гэтаго пачатковаго значэньня, ад гэтаго карэня расплеңілося многа іншых слоў; «шчыры», што па расейску значэ «*искренній*», – «шчырасьць», «зашчырэць» (значэ засмягнуць, засохнуць, сціснуцца, стацца падобным да суцэльнаго) і інш.

Сябр. Слова знанае як у старой беларускай літэратуры, так і ў жывой мове. Пачатково «сябароство» азначало тое самае, што і «пабратымство» у другіх славянскіх народоў. Сябрамі ставаліся людзі сабе чужые, але каторые надрэзаўшы мезіныя пальцы, змешалі сваю кроў і праз гэта сталіся як-бы братамі аднэй крыві. Ў пазьнейшыя часы слово гэта утраціло сваё пачатковае значэньне, ці было заступлена іншым, толькі ўжо у XVI сталецьці, прыбрало такое значэньне, якое яно і цяпер у жывой нашай мове мае: таварыш, хаўрусьнік, супольнік. У статуце Літоўскім (1588 г.) сябрамі называюць людзей, каторые маюць якую сумесную маетнасьць; было нават асобнае «сябрэннае» право, у каторым гаварылося, на якіх варунках людзі могуць дзержаць супольную маетнасьць і як іх разсудзіць. На Падзьвіньню кажуць беларусы «сябра» да кожнаго беларуса у значэньні «земляк», «таварыш». «Сябраваць» кажуць у значэньні дружыць, быць с кім у дружбе, мець с кім супольные справы і т. п. Калі купляюць двое-трое людзей у складку пшчол, кажуць «на сябры купілі пшчол».

«Наша Ніва», № 50, 18 сьнежня 1914 г., б. 3.

Вывод названьня горада Вільні

У жывой беларускай мове сустрэчаюцца словы: *вілы, вілкі, развільле, вільня, вільчык, вільчыць, вілішча*. «Вілы» – гэта дрэўляны сельска-гаспадарскі рыштунак, ужываны да растрэсаньня сена і саломы: робюць вілы зазвычай з маладога дрэўца; «*развіленаго*» ў версе. Складаецца ён с «цэўя», званаго «вілішча», і «віл» або зубоў, мейсцо дзе злучаецца «*вілішчэ*» з «зубамі» называецца „вільня". У прыпадку, калі вілы маюць не два, а тры зубы, іх называюць „*трывільня*". „*Вільчык*" – гэта названне дашчэчкі ці цурка прыбіванаго на шчыце будоўлі, у тым мейсцы, дзе прыстрэшные ліцавые дошчкі сходзюцца у версе канцамі і творуць «*вілы*»; «*вільчыць*» будоўлю, значэ пакрытую саломай будоўлю. умацовываць на самым хрыбце страхі віламі, зробленымі з двох калоў, збітых гваздом, або і натуральна выросшымі віламі.

Само сабой, што первабытная сяліба, з якой развіўся цяперэшні горад, распаложэная у „*развільлі*" рэк, не магла быць патрапней названа як Вільня.

Трэба адмеціць пры гэтым, што старасьвецкая правопісь была „Вільня", а ня Вільн*о*, ці Вільн*а*.

«Наша Ніва», № 11, 19 марца 1915 г., б. 4.

Duchoŭnaja katalickaja literatura ŭ biełaruskaj mowie

Apryč roznych aktaŭ, kronik i jurydyčna-praŭnaj literatury ŭsiaho Wialikaho Kniaźstwa Litoŭskaho, pisanych pa biełarusku, zachawałosia ješče mnoha biełaruskaj duchoŭnaj literatury. Literatura heta abyjmaje światoje piśmo Staroha i Nowaho Zakonu, twory św. Ajcoŭ, apisańnia žyćcia światych, apokryfy i inš.

Biełaruskaja mowa, sudziačy pa dahetul atkrytych pamiatnikach, užywałasia ŭ duchoŭnaj literatury ad XIII stalećcia. Prahlad naš pačniem ad XV stalećcia, kali razdzieł biełaruskaj duchoŭnaj literatury na katalickuju, unijackuju i prawasłaŭnuju pačynaje užo zarysowywacca.

Z biassporna katalickich tworaŭ XV stalećcia admiecim takije:

I. „Muka Chrystowa“,
II. „Powieść a troch karaloch“,
III. „O umučeni Pana našaho Jezusa Krysta“,
IV. „O płače Matki o Synu“,
V. „O ustani Krystusowi z miertwych“,
VI. „Hryhora papy rymskaho biasiedy“,
VII. „Pasłańnie Tyweru Cesaru“.

Usie hetyje knižki dachawalisia ŭ rukapisach, pisanych sławianskimi literami (znach. u Piec. publ. bibliotecy); mowa miejscami wielmi pieknaja, časam jarkaja i abrazowaja, a što najważniejšaje – čysta biełaruskaja.

Da biełaruskaj katalickaj literatury XVI stalećcia ŭ pieršy čarod treba adniaści:

I. Bibliju Franciška Skaryny, pierekładzienuju z Wulgaty na biełaruskuju mowu u 1517 h.,
II. Rukapisny Psałryr XVI w. pierachowywany ŭ Rumiancoŭskim muzei,
III. Biblijnyje knihi, pierakładzienyje z hebrajskaj mowy (Wil. publ. bibl. № 262),
IV. Psałtyr Fr. Skaryny, wydany ŭ Prazie ŭ 1517 h.,
V. Ewanhielle i Psałtyr, drukawanyje u Zabłudowie 1568–1570 h. (służyli katalikom i unijatam),
VI. Katalicki katechizm, drukawany ŭ Wilni ŭ 1585 h.; „z dozwoleńnia staršych“, – wydan byŭ jezuitami,
VII. Unija, albo wykład predniejšych artykułaŭ ku zjednočeńniu hrekaŭ s Kaściołam Rymskim. U Wilni 1595, wydańnie jezuickaje,
VIII. Opisanie i abarona soboru bierestiejskaho. Drukawana „u Wiłni“ 1597 h. Prypisywajuć aŭtorstwo Piatru Skarzie,
IX. O poprawie kalendara. Drukawana ŭ Rymie,
X. Florenckaja unija, rukapis znachodzicca i Watykanskaj bibliotecy,
XI. Pasolstwo da Papieża rymskaho Syksta čaćwiortaho ad duchawienstwa, kniazioŭ i panoŭ z Wilna, rukapis ŭ Watykanskaj bibliotecy. Hetaž pieredrukawano ŭ Wilni ŭ kancy XVI stalećcia.

Pieraličenyje tut twory nie abyjmajuć usiej katalickaj biełaruskaj literatury za tym, što nima pad rukoj patrebnych materjałaŭ, dyj zachawałasia da našych časoŭ daloka nie ŭsia staraja katalickaja literatura, jakaja była ŭ biełaruskaj mowie.

Paśla Bresckaj unii i da pieršaj paławiny XVIII stalećcia katalickije biełaruskije druki wielmi redki... Katalicki kaścioł u hetym časie używaje wa ŭsiej Rečypaspolitaj u literatury swajej, mowy łacinskaj i polskaj. Adnakże mowa biełaruskaja wykładałasia ŭ Wilenskaj Jezuickaj Akademii. Wiadomaść ab hetym znachodzim u apisańni žyćcia sprawiadliwaho Jozefata Kuncewiča (Żywot i męczęstwo B. Jozefata... przez kapłana Societatis, Wilno 1645 r.). Miarkujučy s taho, što ŭ hetym časie pa biełarusku piše i drukuje najbolej unijacki abrad, treba dumać, što narodnaj biełaruskaj wieraj tady ličyłosia unijactwo.

Tolki ŭ druhoj paławinie XVIII stalećcia katalickaje duchawienstwo pačynaje zwiertać bolšuju uwahu na biełaruskuju mowu; heto widać z wydanaj u Połacku jezuitami kantyčki dla užytku katalikoŭ-biełarusoŭ. A ješče wyraźniej zaznačajuć heto biskupy ŭ swaich adozwach da parachwijalnaho duchawienstwa, nakazywajučy, kab suproć tahočasnaj mody *„parochwijan swoich nauczając wiary Chrystusowej zasilali ich słowem Bożym w języku zrozumiałym*", i *„plebanom... zaleca się aby ludowitym językiem po skończonym nabożeństwie w kościołach kazania miewali*" (Wasilewski. Litwa i Białoruś. Akolny list biskupa Bohuša-Siestrenčewiča s 1794 h.).

Faktyčna, mowa biełaruskaja ŭ kaściołach na Biełarusi užywałasia z najdaŭniejšych časoŭ, praz usio XVII stalećcie i da 1839 h.

U 1839 h. car Mikałaj ukazam zabaraniŭ užywać u kaściołach biełaruskaj mowy ŭ pieśniach i malitwach. Ale i paśla 1839 h. jana nie adrazu i nie wa ŭsich parachwijach była zastuplena polskaj. Zamiena hetkaja ciahniecca da našych dzion. Pamima carskaj zabarony, kaścioł katalicki atčuwaŭ patrebu zrazumiełaj mowy ŭ nawucy wiery. Bačym heto s taho, što nia hledziačy na zabaronu drukawać pa biełarusku, u 1838 h. u wilenskaj, a ŭ 1861 u waršauskaj dyecezii wydajucca katechizmy pa biełarusku.

Paśla 1905 hodu była zniata zabarona drukawać pa biełarusku, i ad hetaho času ŭ našaj literatury pačali množycca nowyje katalickije druki.

Biełaruski Kalendar Swajak na 1919 hod. Wilnia: Wydawiectwo W. Łastoŭskaho, 1918.

Назова Беларусі па жыдоўску

У жывой мове, як і ў старых друках Беларусь па жыдоўску называецца «*Rajsen*».

Цікава, што пад найменьнем «Rajsen» жыды разумеюць ня толькі цэнтральную Беларусь, але і найдалей на ўсход і захад высунутые беларускіе акраіны, як заходнапаўночную часьць Чарнігаўшчыны і Смаленшчыны, ды Беласточчыну.

Тэрыторыя «Rajsen», ўласціва Беларусь, займае выдатнае мейсцо ў гісторыі духоваго жыцьця ўсходня-эўрапэйскіх жыдоў. Згэтуль выйшлі найслаўнейшые імёны жыдоўскіх тэолёгаў і талмудзістаў; з Магілёўшчыны чэрпаў духовае цяпло хасыдызм, а валожынскіе духоўные жыдоўскіе школы выдавалі найбольш паважаных за вучонасьць паміж жыдамі ўсей Эўропы, рабінаў. Вільня па сягоняшні дзень друкуе талмуд і шмат кніг для жыдоў усяго Старога і Новаго Свету.

Krywičanin, 1918, Nr. 1

Народны падзел між беларусамі

Пры поўнай сьвядомасьці сваей адналітнасьці беларускі народ вельмі чутак да разных мейсцовых асобнасьцяў ў сваей мове; паводле гэтых асобнасьцяў мовы істнуе падробны падзел, некаторые з гэтых „прозьвішч“ мне ўдалося сабраць між 1912–1914 годам, часьцю ад этнографаў (Сержпутоўскі, Романов, Ельскі, Сьнітка), часьцю ад самага народу.

Сякі. Сякамі называюць у сярэднім падзьвіньні (ніжэй Вітабска) жыхароў верхняга Падзьвіньня, якія гаворадь „сяк“ замест дармо, дарэмна. „Ці ты ў яго купіў гэту вяроўку?“ – „Не, ён мне сяк яе даў“. „Сякава твая работа, хлопча, ўсё роўна вада зьнясе памост“.

Гэцікі, гегуны, гэтукі; так называюць беларусаў наўзьмежныя маскалі, якія замест беларускага гэты, гэна, гэткі, кажуць – етот, еты, еткі.

Какстамі. Называюць беларусаў усходных паветаў Смаленшчыны, якія замест „як“ кажуць как. У сярэднай Беларусі „какстамі“ завуць сьвежа вярнуўшыхся з войска салдатаў, якія адвучыліся ад сваей мовы і, наагул, зрусуфікаваных.

Сакунамі. Называюць случчан, якія вымаўляюць: гаворытса, пішатса, робітса, кажатса і т. д.

Цакунамі завуць жыхароў Вяліжскага і суседніх паветаў, якія не вымаўляюць літары „ч“, а кажуць: – цаго, цалавек, цотка, цакаць.

Лапацонамі называюць беларусаў Чарнігаўшчыны, асабліва украінцы, таму, што кажуць яны замест „лавіць“ – лапаць.

Пынякамі слывуць Мсьціслаўцы, якія маюць, прыслоўе „пыні“, „Я, пыні, кажу табе! „Ты, пыні, слухай добрай рады“.

Кагакі. Гэтак завуць барысаўцаў і акалічных, якія гавораць замест „каго“, „чаго“, „яго“ – „кага“, „чага“ „яга“.

Дудукамі называюць Менчукоў, якія гавораць замест „гутарыць“, – дудукаць. „Сабраліся, падудукалі аб сім, аб тым“. „Старыя дудукаюць сабе на прызьбе седзючы“.

«Крывіч», № 1, чэрвень 1923 г., б. 42–43.

Пагляд расійскіх вучоных на беларускую мову

Прафэсар Карскі у закончаньні сваей, цяпер ужо в. рэдкай кнігі. „Обзор звуковъ и формъ бѣлорусской рѣчи". (М. 1885 г.), прыводзіць рад высказаў расійскіх вучоных аб беларускай мове. Ен кажа што рожнае месца, давалі рожныя вучоныя беларускай мове. Адны лічылі яе дыялектам мовы вялікарускай, другія – дыялектам украінскім, і ўрэшце трэція прызнавалі яе такой самай самаістай мовай, як мовы вялікаруская і украінская.

Потебня у нарысе „Два досьледы" і Срезневскі ў „Мысьлях" даводзілі, што ў беларускай мове німа ніводнай згукавой рысы, якая бы не паўтаралася, хоць дзе-небудзь у Вялікаросыі.

На гэта адпавядае праф. Карскі, ў вышэй памянёнай кнізе, што: – Ведама запазычаньні пры зносінах аднаго народу з другім бываюць, іх нельга пярэчыць і для Беларускага племя. Гэтак напр. саўсім пэўна, што утрыманьне *дi* і *тi* на поўначы Беларусі трэба тлумачыць вялікарускімі ўплывамі, якія ідуць ад стараны Пскова, Ноўгарада, Твэры і што гэтымі ж ўплывамі тлумачыцца паяўленьне нязвычайнай для Беларусаў замены *ч* цераз *ц* і г. п. зьявішчы, але яны ня могуць быць такімі, каб налажыць сваё таўро на ўсю мову народу, на ўсе яго асобнасьці. Прышчэпленьне тых ці другіх рысаў магчыма толькі пры велмі доўгім ўплыве, чаго нельга сказаць датычна ўплыву Палуднёва Вялікарусаў на Беларусаў.

Беларусы выдзеліліся з агульнарускага жыцьця яшчэ ў канцы XII ст., дык магчыма яшчэ да падзелу рускай мовы на дыалекты. Далейшая гісторыя беларускага племя выключала магчымасьць крэпкага ўплыву вялікарускай мовы.

Умысловая Беларусь сьпярша была пакінута сама сабе, пасьля падлягала кіеўскім ўплывам, ўрэшце-рэшт утвараецца больш цесная сувязь з Вялікарасіяй, але і цяпер рух быў не адцэнтральны, так што палуднёва-вялікарускі дыалект тады яшчэ толькі складаўся, калі немаль усе асобнасьці беларускай мовы былі ўжо замацаваўшыміся (г. зн. у XIII–XIV ст.); так што тут мы бачым нават хронолёгічную нетасоўнасьць. Калі прыняць пад увагу калёнізацыйны рух беларусаў на абшары Вялікаросыі, то гэту сходнасьць беларускага з вялікарускім, запраўды прыдзецца тлумачыць запазычаньнем, толькі – запазычалі не беларусы ў вялікарусаў, а наадварот. Так што лепей-бы сказаць – не беларусы галіна вялікарусаў, а акурат наадварот. Зрэшта гэта сходнасьць, заўважым тут, далёка ня поўная, можа быць тлумачана саўсім іначай. У ёй можна бачыць толькі прыпадковасьць, зьявіўшуюся вынікам аднастайных прычын. Падобныя прыпадковасьці часта бываюць і ў такіх мовах, у якіх аб запазычаньні ня можа быць гутаркі. Возьмем для прыкладу беларускае *у з в і л* і падобнае-ж ў словацкай або палабскай мове! Або беларускае цьвёрдае *р* і падобнае ж у сэрбскім; або украінскае *г* падабнае-ж *г* ў чэскім! Няўжо ж гэты мовы запазычалі памянёныя асобнасьці адны у другіх? Можна бы назваць і многа другіх рысаў сходнасьці з самых рознаякіх моваў, дзе гаварыць аб запазычаньні німа ніякай падставы. Ды калі ўжо ўсё тлумачыць запазычаньнямі; то і для вызначных прымет вялікарускай мовы можна адшукаць паралелі ў другіх славянскіх мовах. Гэта самае можна зрабіць і з прыметамі якой-хоць славянскай мовы, калі разглядаць кождую з іх ў асобнасьці. Наагул пры параўнаньні моваў трэба разглядаць іх ўсестаронна, каб, загнаўшыся падобнаснымі рысамі, не прамінуць рысаў разрожніваючых і ня даваць здогадаў блізкай кроўнасьці там, дзе ёсьць толькі прыпадковасьць, або запазычаньня. А калі так глядзець на мову, то і беларуская мова павінна лічыцца самаістай: сабраньне ўсіх яе характэрных рысаў не паўтараецца ў ніводнай славянскай мове; не кажучы ўжо аб палуднёвым дыалекце (найбліжэйшым да беларускага) вялікарускай мовы, ў якой сустрачаюцца толькі дзе-недзе аддзельныя асобнасьці беларускай мовы. Гэта іх спарадычнасьць найвымоўней сьведчыць аб іх паходжаньні – запазычаньні з беларускага, якому гэты рысы прыналежаць ва ўсей поўнасьці. Так што формула: „У беларускай мове німа ніводнай згукавой рысы, якая-бы не паўтаралася дзе небудзь ў Вялікаросыі“ – можа быць аднесена і да вялікарускага дыалекту, бо у ім німа ніводнай рысы, якая-бы не паўтаралася у беларускай мове. Наадварот у беларускай мове, скажам за Жытецкім (Очеркъ звуковъ малор. нарѣчія, стр. 256) „шмат больш арыгінальнасьці, бо ў ей ёсьць і такія рысы, якія не сустрачаюцца ў вялікарускіх дыялектах, а толькі ў мове украінскай і прыгэтым рысы, трудна падлягаючыя тэорыі запазычаньняў“. Формы беларускай мовы часта больш архаічны чым формы вялікарускія, ды і сучасныя асобнасьці часта адыходзяць да часаў паяўленьня славянскай пісьменнасьці, калі вялікарускі дыялект яшчэ не істнаваў і калі не заўсёды гэты асобнасьці маюць адбіцьцё у літэратурных помніках, то гэта тлумачыцца толькі выключным палажэньнем беларускай мовы. І гэтак, падобнасьць беларускай мовы з некатарымі рысамі палуднёва вялікарускага дыалекту трэба тлумачыць ўплывам беларускай мовы на вялікарускую, – ўплывам які пачаўся, праўдападобна, яшчэ ад часу фармаваньняся апошняга, а не наадварот. Можна, ведама, дапусьціць, што нейкія рысы сходнасьці з беларускім разьвіліся ў вялікарускім і самаіста. Гэткім чынам тэорыя Потебні падае пры бліжэйшым разглядзе, і погляд яго на беларускую мову, як на паддыалект палуднёва-вялікарускага дыалекту, павінен быць закінут.

Ня больш грунтоўны і другі погляд, прадстаўніком якога зьяўляецца Ф. Міклошыч (У „Vergleichende Grammatik“). Запраўды сходнасьць беларускай і украінскай моваў у некатарых рысах паражаючая (праточны *г*, двомленьне сугалосных + j, частковая сходнасьць у замене *л* і *в* пасьля галосных і перад сугалоснымі, захаваньне пераходнага зьмякчэньня). Ведама аб запазычаньнях тут можна гаварыць з большым правам, нячым з вялікарускага, бо Беларусь мела безупынную сувязь з Украінай (Потебня: Два досьледы, стр. 54–56.) Але калі мы будзем разглядаць беларускую мову ўсестаронна, то ўбачым, што і з украінскай сходзтва ня так вялікае, каб можна было лічыць беларускую мову дыалектам украінскім: шмат болей рысаў нясходнасьці. Як, напрыклад, вытлумачыць з украінскіх асобнасьцяў цьвёрды *р* у беларусчыне, або дзеканьне, аканьне? Або чаму ў беларускай мове ня сталася звужэньня *о* і *е* ў закрытых складах, ўласьцівага украінскім дыалектам? З прычыны гэткіх істотных разыходжаньняў і сходзтва з украінскім трэба тлумачыць ня гэтулькі запазычаньнямі, сколькі аднастайным разьвіцьцем у тэй і другой мове пры аднастайных варунках. Дзеля гэтага, не запярэчуючы, зрэшта, магчымасьці некаторага ўплыву украінскай мовы на беларускую, заўважым, што гэты ўплывы ня былі так вялікі, каб з іх можна было вытлумачыць ўсе беларускія асобнасьці і каб можна было лічыць беларускую мову дыалектам украінскай.

Урэшце, прадстаўніком трэцьцяга абозу зьяўляецца М. Максімовіч. Ен бачыць у беларускай мове саўсім самаістую мову, якая займае сярэдзіну між вялікарускай і украінскай. Да гэтага абозу далучаецца Надеждін і ў сваей крытычнай запісцы, напісанай ў нямецкай мове (Mundarten der russischen Sprache), Надеждін лічыць першапачатковае існаваньне двох дыалектаў: понтыйска-рускага (украінскага) і балтыцка-рускага (беларускага), разьдзеленых ракой Прыпяцьцю і Сожам. Спачатку гэты плямёны вельмі былі варожамі сабе, а пазьней сталі высылаць на ўсход сваіх каляністаў, ад крыжаваньняся якіх і ўтварыўся вялікарускі народ (стр. 223–226 названай кнігі).

Гэтулькі довадаў з Карскага. Аднак не саўсім можна з гэтым пагодзіцца. Найперш, Карскі, як і ўсе расійцы, выходзіць з саўсім фальшывай асновы – бытцам да XIII ст. істнавала нейкая адналітная расійская мова, якая пазьней распалася на тры дыалекты: вялікарускі, беларускі і украінскі. Пры гэтым прытрымліваючыся палітычных ці патрыотычных мяркаваньняў, часьць расійскіх вучоных, наперакор гісторыі і навуковай праўдзе, даводзіла, што аснаўным дыалектам, самым чыстым, зьяўляецца вялікарускі, а беларускі і украінскі ёсьць паддыалекты гэтага апошняга, папсаваныя чужымі ўплывамі, а пераважна польскім ўплывам.

Памылковасьць такой тэорыі стане ачавістай, калі мы заглянем у гісторыю, ў якой німа ніводнага доваду говорачага ў карысьць істнаваньня калі небудзь адналітнай рускай мовы, а этнографія усходна славянскіх плямён і палеографія гаворац акурат аб тым, што адналітнасьці гэтай ніколі нябыло. Не з XIII, а ўласьціва з X ст. пачынаецца працэс нівэляцыі племянных асобнасьцяў, пад ўплывам хрысьціянства, якое прыходзіла з царкоўна-славянскай, адзінай для ўсіх плямен, граматнасьцю, малітвай абавязковай для ўсіх і школай. Кніжная мова да XIII ст. дый пазьнейшая, абсалютна нічога ня можа сьведчыць аб тым як вялікі былі разыходжаньня, паміж асобнымі племяннымі дыалектамі, бо не захавалася ніводнай кнігі пісанай, якім колечы мясцовым славянскім дыалектам, ўсе яны пісаны царкоўна-славянскай мовай, мовай літургіі і сьвятога пісьма, кніжнікамі, якія кождае адступленьне ад канонічнай мовы лічылі за грэх, за зьнявагу мовы хрысьціянства паганскімі барбарызмамі. Зрэшта, па аналёгіі, можна с пэўнасьцю сказаць, што ўсе вярхі, ўся тагочасная арыстократыя і інтэлігенцыя, старалася гаварыць мовай кніжнай, мовай навукі і рэлігіі.

Праўда, найсільнейшы ўплыў царкоўна-славяншчыны мы бачым на вялікарускай мове і гэта гаворыць акурат не ў карысьць яе самабытнасьці, а даводзіць, што каланісты, якія ішлі на ўсход з Беларусі і Украіны, і мяшаючыся з фінскімі і другімі мясцовымі плямёнамі, вытваралі вялікарускі народ, былі адарваны ад роднай стыхіі. Прыклад мы можам бачыць у нашы дні: латышскія немцы гавораць самай блізкай да кніжнай, нямецкай мовай; памешчыкі палякі ў Беларусі і Украіне гавораць так сама бліжэй да кніжнай польскай мовы чым запраўдныя палякі ў Польшчы.

Дзеля гэтага мы склонны думаць, што да прыняцьця хрысціянства было большае разыходжаньне паміж мовамі паасобных усходна-славянскіх груп, чым цяпер, пясьля тысячалетняга нівэлюючага ўплаву цэрквы і царкоўна-славянскай граматнасці. З XIII сталецьця, з часу заканчаньня працэсу ахрысціянленьня славянскіх плямен, мясцовыя асобнасьці пачынаюць пракрадацца ў кніжную мову, але не па праву іх юрыдычнай роўнасьці з літургічнай мовай, а таму толькі што ў рамкі царкоўна-славяншчыны нельга было ўталочыць цывільнага жыцьця. Гэта новая кніжная мова (прыкладам наша мова ў актах і ў „Статутуце Літоўскім“) не зыходзячы з царкоўна-славянскай асновы, ўбірае ў сябе адміністрацыйны і інтэлігенцкі жаргон, саўсім не датыкаючы ні слоўнікавых ні граматычных асобнасьцяў народнай мовы. Школа-ж, царква ў далейшым служаць фактарамі зьбліжаючымі. Дык ўласьціва трэба на гэты пэрыод, ад XIII ст., глядзець як на пэрыод нівэляваньня мясцовых асобнасьцяў, які працэс трываў да нашых дзён.

Запазычаньня, асабліва славарныя, зрабілі Вялікарусы з беларускай мовы найбольшыя ў апошнія часы. Прыкладам слоўнік Насовіча (каля 30.000 слоў), цалком быў ўключан у Расійскі акадэмічны слоўнік (выданьня Акадэміі навук), ня кажучы ўжо аб ранейшых запазычаньнях. І калі мы возьмем расійскую кніжку пачатку XIX ст. мы ўбачым, што за сто гадоў, вялікаруская мова прыблізілася да беларускай на аграмадны дыстанс і формамі і слоўнікам, а не наадварот.

У гэтым працэсе аграмадную ролю сыграла тое „выключнае палажэньне“ беларускай мовы, аб якім мімаходам заўважае Карскі. А гэта „выключнасьць“ зводзіцца да таго, што беларускі народ рана ўтраціў сваю палітычную незалежнасьць і праз гэта мова беларуская апынулася ў палажэньні безгаспадарскай ўласнасьці, якой гаспадарамі, поўнымі і безкантрольнымі, па праву „братэрства“, абазваліся Маскалі, і якія цягнулі ўсё што трапіла пад руку, з беларускага дабра ў свой культурны скарбец.

«Крывіч», № 2, ліпень 1923 г., б. 24–27.

Умец, мастак, кудзьбіт

Беларуская літэратурная мова хутка разьвіваецца і набірае сочнасьці і барвітасьці дзякуючы выкарыстнаваньню нашымі аўторамі някранутых дагэтуль багацьцяў беларускай мовы. Дужа важна ў гэтым адраджэнчым пэрыодзе даваць адразу распрацоўку адценкаў слоў, ўняць іх у рамкі лёгічнага разуменьня. Важна выцягаць занядбаныя адцені слоў. Я дагэтуль, напрыклад, нідзе ў беларускай новай, літэратуры ня сустрачаў слова, „умец“, якое пашырана па ўсей Магілеўшчыне і маецца ў этнографічнай беларускай літэратуры. Для прыкладу, з маючайся пад рукой кніжкі Раманава („Беларускі Зборнік“ вып. V Вітабск 1891 г.) пакажу на 36 страніцу, дзе гэтае слова маецца. У слоўніку Насовіча яго німа, як німа там большасьці характэрна беларускіх слоў. Ў Насовіча ёсьць толькі слова „умѣлый“ якое ён тлумачыць: „Знающій. Умелый ня будзець пытацца ў другіх“. Слова „умец“ на расійскую мову трэба было-бы перакладаць не „знающій“ як гэта зрабіў Насовіч, а „искусный“, нямецкае „Meister“; умецтва – „искуство“, польскае „sztuka“, нямецкае „Kunst“. Слова „мастак“ мае ўжо другі адценак, дужа блізкі да расійскага „артист“ нямецкага „Künstler“. Што датыча слова – кудзьбіт, кудзебнік, то ў старaславянскай мове „кудеснік“ ўжывалася ў значэньні „magus“; старарускае куд = incantatio, ачараваньне. У паўночна ўсходных паветах Беларусі, ў народнай мове, вядома яшчэ слова „акудны“ ў значэньні расійскага „обаятельный“ „очаровательный“. Слова кудзьбіт, будучы аднаго і таго-ж караня з расійскім – „художнік“, – якое ў расійскай мове ўжываецца для абазначаньня найвышэйшай ступені ўмеласьці, гранічачай з празорніцтвам, – зьяўляецца, па структуры і ўнутранаму зьместу яму аналёгічным і ва ўсіх здарэньнях яго замянаючым.

«Крывіч», № 3, жнівень 1923 г., б. 53–54.

Казарскія вуліцы у беларускіх гарадох

У многіх беларускіх гарадох існуюць „казарскія“ вуліцы. Па недаразуменьню шмат хто лічаць, што ў названьнях гэтых вуліц крыецца памяць аб пасёлках народу „Хазараў“, або „Казараў“. Гэты памылковы погляд трапіў нават ў расійскую гістарычную літэратуру. Полацкі магістрат палічыў, ў 1909 гаду, патрэбным паправіць „памылку“ ў названьні вуліцы, занёсшы на дашчэчку: „хазарская улица“, замест – казарская. Усюды, дзе існуюць „казарскі“ вуліцы, яны распаложаны паблізу гарадзкога выгану, падобна як і „свінскія“ і азначаюць, што вуліца вядзе да казінага выгану. Гэткім чынам існаваньне ў гарадох „казарскіх“ вуліц ня можа і ня служыць довадам зносін іх з казарскім царствам. Так сама прозьвішчы: Казарын, Казар, Казарскі Казарэвіч не паказуюць на паходжаньне гэтых родаў з Казарскага народу. Наш карэспандэнт, родам з Палесься, ў гэтай справе піша ў „Крывіч“ вось што: „Казарамі на Палессі называюць селяне гарадзкіх жыхароў (мяшчанаў) затое, што яны, дзеля нестачы пашы, гадуюць коз, замест кароў і казінае малако і мяса спажываюць, замест кароўяга. Найменьне гэтае мае заўсёды пагардлівы характар і часта служыць прычынай боек паміж селянамі, прыехаўшымі на кірмаш у горад, і дробнымі мяшчанамі“.

Словам у аснову „казарскіх“ вуліц у нас паложана паняцьце „каза“, а не народ „Казары“, ці „Хазары“.

«Крывіч», № 4, верасень–кастрычнік 1923 г., б. 48–49.

Аднасловы

`Кахаць, любіць.` Слова кахаць ужываецца толькі ў тасунку да людзей, а любіць – да рэчаў стварэньняў. Нельга напр. кахаць рэдзку, бярозу, рыбу, капусту з салам; іх можна любіць, а кахаць можна кагосьці з людзей-бацькоў, радню, дзяўчыну. Слова «кахаць» некаторыя памылкова лічаць запазычаным з польскага, што не сусім згодна з праўдай, бо хоць палякі ўжываюць яго, але ў нас гэтае слова мае выводныя формы, якіх няма у палякаў. Насовіч падае гэткія адмёны гэтага слова: *каханенькі*, *каханка*, *каханьне*, *каханак*, *каханы*, *кахаць*, *кахацца*, але побач з гэтым і выводныя: *кохаць*, *кохнуць*, *кох*. Першае тлумачыць вось як: кохнуць, дзеяслоў сяр. р. (гукапатураючый): 1) квактаць як курыца што водзіць курчат; 2) пераноснае – падобна курыцы каля пісклят клапаціцца, туліць, стагнаць. *Кохнуць* – мець пал да каго: колечы. Кохне па дзяўчыне, кохне па дзяцёх і 3) уздыхаць, смуціцца. Кохне па матцы, па мужу. Кох, згукапатур. якое выражае квактаньне курыцы што водзіць курчат. Нешта курчаты пішчаць, а коху курыцы не чутно. Жонка кох, а гаспадар вох.

`Рубеж, граніца, мяжа, дукт.` Найраней у нашай літэратуры выступае слова рубеж, пазьней мяжа і граніца і ўрэшце дукт. Слова «рубеж» праўдападобна агульнаславянскае, прынамні многія славянскія мовы ўжываюць яго ў тым-жа значэньні як і ў нас, дзеля абазначаньня граніцы. Паходзіць яно ад славян. *рубить, сеч.* Часта ў старой нашай літэратуры ўжывалася ў значэньні рас. „предѣл“, польск. „kres“. У народнай нашай мове цяпер не ўжываецца, хоць ведама ей слова руб, ў значэні рас. „грань“. *Граніца* паяўляецца ў актовай мове не пазьней XVI ст., слова аднаго і таго-ж караня, з: гранка, кантовы скрыль вузы пчалінай, даўней, а ў некаторых беларускіх гародах і дагэтуль, зьвязка шрыфту набранага да друку; грань, востры выступ, вугол на чым колечы; граніць рабіць канты на рэчы не канцястай, а такжа, у ратайстве, ў значэньні дзяліць поля на лехі. Цікава адмеціць, што ў некаторых мясцох, прыкл. каля Вяліжа, граніцай называюць ляху, рас. „грядка“. Пасеяў граніцу калапень і 10 граніц капусты пасадзіў. Паскольні у старой літэратуры рубеж і граніца ўжываюцца дзеля абазначаньня лініі раздзяляючай зямлю, то мяжа ня мае гэтага значэньня. Яна абазначае не заараную барахну зямлі, як разьдзел паміж ральлёй. У значэньні разьдзяляючай лініі слова мяжа пачало быць тасаваным толькі ў апошнія часы. Слова дукт у значэньні граніцы, рубяжа, пачынае сустрачацца ў актах XVII ст. У жывой мове ўжываецца, больш паміж інтэлігенці, ў Лепэльскім павеце. Дукт – слова лацінскае.

Цяміць, кеміць, дукрыць. Цяміць і кеміць, словы аднаго караня, паходзяць ад „цемя“ – верх галавы; ужываюцца ў значэньні, рас. „понимать“, „соображать“, „смѣкать“. Пад уплывам навейшай беларускай літэратуры паміж гэтымі аднастайнымі словамі адбываецца разьдзел: слова цяміць больш пачало тасавацца ў значэньні „сообразительности“, а *кеміць* у значэньні „смѣтливости“ „примѣталивости“. Выводныя ад цяміць маюць шмат адценкаў. Гэтак *уцяміў* – запамятаў, зразумеў; *ня ўпрыцям*, не ўдагад „невдомек“; *цямкі* „понятливый“; *ісьці на цямкі* (памылкова на цянькі), знача ісьуі невядомай дарогай, а наодум, кіруючыся мысьлю; цямешыць з трудом успрыймаць нешта ў галаву; *ацяміцца*, прыйсьці ў памяць, у прытомнасьць апамятацца; *абязцяміць* – пазбавіць памяці, прытомнасьці; *бязцямны* – безпамятны, непрытомны; *высьцямак* –

варьят, непрытомны чалавек; *нацям* – на памяць. Нацям зьлічы сколькі будзе: сем-сямярэй па семяра дзяцей. Палякі асобліва здольны народ да перакручаньня чужых слоў надаючы ім зьнявежлівыя адценкі (прыкл. з грамата, зрабілі „ramota“ – няўмелая пісаніна, з гаманіць – „gomonic“ – бяз сэнсу вярзьці і „gamon“ – дурань і ш. інш.), не абышлі і слова „цяміць“, але надалі яму значэньня на выварат: „ciemięga“ – чалавек цяжкі, цяжка думаючы, „ciemiężус“ уціскаць, прыгнятаць.

Кеміць таксама мае шмат адценкаў у выводных словах. Гэтак: *закмеў* – прымеціў, запамятаў, заўважыў; *закмеўка* – прыметка: Закмеўкі засек на дрэве. Закмеўкі парабіў на мяшкох, *кемкі* – „смѣкалистый“, здагадлівы, панятлівы здольны; *здакмець* – выразумець, пасьцігнуць. *Дукрыць* – з Лепэльшчы і Барысаўшчыны, слова паходзіць не ад лацінскага „дукт“, а ад крыўскага „дудукаць“ – гаварыць; яно бліжэй па значэньню да думаць, разумець. Выводныя: *дукрыц, дукры, здукрыў, ўдукрыў, надукрылі, выдукрыў*.

Кузурка, кузулька, кузяўка. Кузуркамі называюць наземных поўзаючы овадаў („insektum“); кожды жучок, мяккакрылае і бязкрылае наземнае стварэньне, калі гэта не чарвяк, не мятлік, не камар і ня муха – носіць агульну назову *кузурка*, ў адрожненьне ад такіх-жа дробных водных стварэньняў якім даецца агульная назова – *кузяўкі*. Кузулька гавораць у горадзеншчыне замест *кузурка*. Былі спробы у навейшай нашай літэратуры, ўжываць слова кузулька замест рас. „насѣкомое“, аднак гэтае слова не адпавядае данаму значэньню. Магчыма, што ў каторымсь з вышэйпададзеных слоў крыецца карэнь паняцьця інсэкт, але дагэтуль гэтае заданьне нікім не разьвязана. Трэба сказаць, што і рас. слова „насѣкомое“, не народнае, штучна утворанае, гэта ёсьць літэральны пераклад лацінскага слова, insektum якое ў свай чарод штучнае, яно знача – „насечанае“, бо азначала спачатку. толькі адну адмену дробных стварэньняў, цела ў якіх пакарбаванае, як быццам зложанае з паасобных пярсьцёнікаў.

Брахаць, гаўкаць, зьвягаць, дзяўкаць. *Брахаць* азначае сабачы крык, гаўканьне. Брэша курта брэша! Брахлівы сабака; сабачы брэх. У пераносным значэньні гаворыцца аб гутарцы лжывай, злосна-пустой. *Гаўкаць*, рэдка брахаць. Гаўкае, як сабака с пад лавы. У пераносным зн. гаворыцца аб неўважлівай адпаведзі. Ты да яго ветла, а ён гаўкне табе, як сабака. *Зьвягаць* – брахаць ценкім голасам ды надарэмне, без дай прычыны, але надаедліва, доўга. Воўк сабакі не баіцца, а толькі зьвягі ня любіць. У перан. а зн. гаворыцца аб пустой гутарцы, аб бязсільнай напасьці. *Дзяўкаць* тое-ж што і гаўкаць, але ценкім голасам, рас. „тявкать“.

Бароцца, змагацца, ходацца, доляцца, тузацца, дужацца. Бароцца, знача сіліцца, боручыся фізычна, валіць, ламаць, кідаць на зямлю, пробуючы сілы і спрыту; *барукацца*, старацца паваліць адзін на адзін праціўніка. *Змагацца* працівіцца ўсімі сіламі цялеснымі і духовымі, супроць якога колечы гвалту, або ўплыву, сіліцца перамагчы адпор, перашкоду, нападу. *Ходацца*, цягацца з праціўнікам меручыся сіламі. *Доляцца*, тое-ж што і ходацца, з адценкам сьвядомасьці сваей слабасьці. Адалела старасьць. Мошка адалела сады. Нас што год вада адалевае. *Тузацца* – цягацца з кім торгаючыся. *Дужацца* – мерацца сіламі, гаворыцца ў значэньні барукацца.

Шкеліць, гадузаваць, кпіць, шабункаваць. *Шкеліць*, ашчарацца, насьмяхацца, рас. „острить“, „трунить“. Насовіч (стр. 711) дае: шкель насьмешнік-ца. Шкель – баба. Абсадзі ты гэтага шкеля. *Шкеліць, сашкеліць* – сьмяяцца. Досіць табе шкеліць каля бабы. Ты сашкеліў каля нас. *Шкелі* – жарты, насьмешкі. Досіць табе шкелі строіць. Свае шкелі кішані аб'елі. Слова абыдзеннае у Смаленшчыне. Выводныя: *шкельнік-ца, шеўляць, дашкуліў, сашкеліў*. Галузаваць, гэтае слова, мяркуючы з народных песьняў і с таго ў якім значэньні ужываюць яго у Вітабшічыне і паўночных паветах Віленшчыны, – ў Насовіча няпраўдна вытлумачана. Праўдападобна ён зьмяшаў яго з другім словам – „галус“, што знача абарванец, дуронік, а такжа гультай і бяздзельнік. Слова *галус* паходзіць ад „голы“. Слова-ж *галузаваць*, ад „галы“ – вочы. Ужываецца яно ў значэньні рас. „зѣвать“, з адценкам насьмешкі і злосьці, а такжа маўклівую насьмешку. Не надзявай гэтага, а то будуць людзі галузаваць, вытыкаць пальцамі. Галузуе з вашай беднасьці, зайшоўшы ў хату. Куды не паткніся усюды будуць з цябе галузаваць, хоць ў вочы нічога ня скажуць. *Кпіць, кепкаваць*, высьмяваць злосна. Кпіны, злосныя насьмешкі, перасьмевы. *Шабункаваць*, жартаваць, насьмяхацца дабрадушна, не абразьліва; гаварыць ў жартаўлівым тоне перакідацца жартамі.

Ілгаць, хлусіць, маніць, клюдзіць. *Ілгаць*, гаварыць няпраўду, сьвядома перакручаць праўду. *Хлусіць, маніць*, лгаць жартуючы, насьміхаючыся, выдумляючы няпраўду цікавую, або забаўную; памыляць каго колечы маной. Мана, безпадстаўная няпраўда, лганьнё, чыста здуманае здарэньне, фантазія. *Клюдзіць*, крывіць, выкручацца няпраўдай, мыляючы слухача фальшывымі, або падтасаванымі даннымі. Гавораць аб заблутанным зайчым тропе „наклюджана“, „наклюджаны сьлед“, зблутаны. Ужываецца такжа ў значэньні крывадушыць. Клюдзіць дзеўка, праўды ня кажа.

Гадаваць, выховываць. *Гадаваць* адносіцца да фізычный стараны, *выховываць* – да духовай. Узгадаваў дзяцей, але ня даў ніякага ім выхованьня.

Слабы, кволы. *Слабы*, ня сільны, ня сьціслы, бязьсільны, не тугі. Слабога здароўя і слабой сілы чалавек, Слабога характару. Хлеб замясіла слаба, таму ён і расплюх. Слаба нацягненая вяроўка. *Кволы*, высходнае „квіль“ – слабы дзіцячы плач. Квіліць дзіцятка, пташкі знача адзываецца слабым, жаласьлівым голасам, згэтуль кволы – слабы, жаласьлівы, пісклівы. *Квяліць* – даводзіць да плачу, да сьлёз, сердзіць, крыўдзіць. І Бога хвалі і чарта не квялі. Мусі ўквяліў чым дзіцятка. *Квелкі* – далікатны, рас. „нѣжный“, польск. „tkliwy“. *Калакут* – птаха квелкая. *Квель* – далікатны, рас. „нѣга“. Квель па целе разыходзіцца ад сонечнага прыпару. Любіць, то і квеціць жонку.Квеліцца ў пасьцелі да поўдня. Пястунок, мамчын квялюта, квялюсь, яму ўсё можна. Квеляцца маладыя сабе перад жанідзьбай. Глянь як Анцік да цябе квеліцца, відаць ўжо нечага хоча. Паквольча, паслабліва, ня жостра, ня груба, памалу. Як відаць з прыведзеных тут прыкладаў ёсьць рожніца паміж – кволы і квелы.

Пах, водар, вохнасьць. *Пах* – прыемны водар, супраціўнае: сморад. Панюхай, чым гэта пахне. Глядзіць лісіцай, а пахне воўкам. Пчолка пахне мёдам, а жук сьмярдзіць навозам. *Водар* – пахнасьць, рас. „аромат“. Гарбата ня мае водару. Водар смалы чуваць ў сасновым лесе. *Вохнасьць, вотхнасьць*, добрапахнасьць, рас. „благоуханіе“, „душистость“. Прыемная вохнасьць тхне з поля, дзе жыта красуе. Пасеяла павохны гарошак. Разрожнююць павохную і сабачую мяту.

Ўсесьвет і сусьвет. *Усесьвет*, тое-ж што па расійску „мір“, „міровой“. *Сусьвет* тлумачыцца па рас. „вселенная“. Прыстаўка „су“ надае адценак ўсеагульнасьці, зыходжаньня многіх элемэнтаў, як і ў словах – сумеснасьць, сугалоснасьць суседзтва сужывецтва і мн. інш.

«Крывіч», № 6, сьнежань 1923 г., б. 43–46.

Што такое „Артсана“ арабскіх пісьменьнікаў

У арабскіх географаў IX–X ст. упамінаецца аб дзяржаве і паўночным горадзе усходных славянаў, якія, паводле іх, мелі тры свае цэнтры: Слаба, ці Слава, Куяба і Артса. Пісьменьнік Хаўкаль кажа: Арта (паводле другіх, Артса, Артсана, Артсанія) ляжыць між Хазаранам (Хазарыяй) і Вялікім Баўгарам (Вялікай Баўгарыяй, якая істнавала на Волзе), што, зара на поўнач за Румам (Візантіяй), але другі араб, Ізды, бліжэй азначае палажэньне Артсаніі: „трэйці народ называецца Артсанія, а цар іх жыве у горадзе Атсан) гэта прыгожае места разкінута на недаступнай гарэ; яно ляжыць між Славаю (Ноўгарадам Вялік.) і Куябаю (Кіевам), ад Куябы да Артсана 4 дні дарогі (ведама-ж чоўнамі або на конях), а ад Артсана да Славы 4 дні. Гэта дало повад некаторым гісторыкам у Артсаніі бачыць Смаленск. Іншыя выводзілі „Арта“ ад Мардвінскага племя Ерзь. Ці не далёка прасьцей і праўдападобней зраўняць перакручанае Арабамі – Артса з цяперашняй Аршой, Воршай або Оршай? Тым больш, што найменьне Арша самае праўднае, як выводнае ад „аржа“, балотная руда, чым багаты яе ваколіцы; істнаваньне-ж ў яе ваколіцах чысьленных капцоў, і другіх сьлядоў старадаўнага жыцьця, даюць права думаць, што тут існаваў калісьці вялікі дзяржаўны ці плямянны цэнтр.

«Крывіч», № 6, сьнежань 1923 г., б. 49.

Што такое „дунай“

Ва ўсіх славяваў, ад Адрыятыцкага мора да Уралу і ад Солуня да Архангельска, ў народных песьнях сустрачаем слова „дунай“. Гэтае загадковае слова рожна стараліся вытлумачыць, а многія: лінгвісты, між іншымі чэх Нідэрле, нямогучы даць з ім рады, прызналі яго нават не славянскім; хоць праз народную песьню, памятаючую вельмі даўныя часы, яно ўелася ў косьці і кроў ўсяго славянства. Варта прыгледзіцца, як разумеюць гэтае слова самі народныя песеньнікі. У часе сельска-гаспадарскай выстаўкі ў Быхаве, ў 1912 г. я, карыстаючы з наплыву на выстаўку селян, запісываў народныя песьні і пры слове „дунай“ распытываў, што яны разумеюць пад гэтым словам? Кожды (і кабеты і мужчыны) без запінкі адпавядаў, што гэта „вялікая такая рака“. На пытаньне дзе яна, рожна адпавядалі, рэдка ўрапад (ў значэньні географічным), але мне прышлося зьвярнуць увагу на тлумачэньне якое даў мне селянін Мікалай Тройчык, з пад Вялюня (на граніцы Быхаўскага і Бабруйскага паветаў). Ен казаў: „руччом мы называем меншую ваду, ракой большую, а „дунаям“ шырокую раку, многаводную“. Вернасьць гэтага акрэсьленьня я меў зручнасьць пацьвердзіць у многіх мясцох, ў часе маіх падарожы па Беларусі (між іншым: каля Ўшача, леп. пав, каля Мсьціжа, бар. пав. каля Капыля, слуцк. пав). Дзеля гэтага, мне здаецца, што народная песьня апяваючы „ціхі“

„шырокі“ Дунай, ня мае ні ў памяці, ні на мэце палуднёва славянскай ракі Дунаю, а проста ўжывае тэхнічны тэрмін дзеля абазначаньня вялікага сабраньня плывучых вод, у адрожненьне ад ракі і ручча. Гэты тэхнічны тэрмін кніжнікі, як і многа чаго іншага, проста забыліся, а народ яго дахаваў да нашых часаў. Гэткім чынам на абшары разсяленьня славянаў, немаль кождае племя мела свой „дунай“, які і апевала ў песьнях. Я тут не ўхаджу у філолёгічнае тлумачаньне слова, але мушу зьвярнуць увагу, што ў беларускай мове маюцца словы: „дунец“ і „дуніць“. Дунец, азначае не высокі вадапад на бягучай вадзе, дзе вада пераліваючыся праз якую колечы перашкоду дуніць, г. зн. выдзе спэцыфічны, бытцам зьвінячы, гук. Між іншым Буслаев („Русская народная поэзія Т I стр. 175) высказаўся па поваду гэтага найменьня: „Дунай, акром ўласнага імя, мае назоўнае значэньне кождай ракі і дзеля гэтага ўжываецца ў многай лічбе – Дунаі: „за ракамі за Дунаямі“, слаўны расійскі Філалёг, ужо 60 гадоў таму назад вельмі блізка падышоў да праўдзівай разгадкі гэтага найменьня.

«Крывіч», № 5, лістапад 1923 г., б. 52.

Беларускія аднасловы

Грэцкае слова „сынонім“ ў перакладзе на нашу мову знача – аднаслоў. Гэта словы, якія маюць або аднаякае, або блізкае па зьместу значэньне, прыкладам: гаварыць і гутарыць, ведаць і знаць, нуда і тўга і г. д. Аднасловы для кождай мовы зьяўляюцца вельмі цэннымі, бо яны надаюць ей гнучкасьць і тонацію, адзначаючы самыя дробныя пераходы і адценкі паняцьцяў. Але з другой стараны вымагаюць уважлівага да іх адношаньня, асабліва са стараны працаўнікоў пяра, бо што сойдзе ў вуснай мове, то, іншы раз, вельмі рэжа вока і вуха чытача, калі паняцьце няпраўдна выражана на паперы. Беларуская мова абладае многімі сынонімамі і праца над сабіраньнем і тлумачэньнем іх, дае вельмі ўдзячнае поле кождаму беларусу-інтэлігенту, які хоча ўлажыць сваю цэгліну ў будынак беларускага адраджэньня. Я падаю тут некалькі аднасловаў, найчасьцей трапляючыхся ў беларускай мове.

Розны і рожны. Першае выражае адасобленасьць чагось ад чаго, другое – па якасьці адрожніваючаеся ад другога. Я два аднастайныя алуўкі палажыў у розныя мейсцы. Растапырыць руку, знача: разставіць пальцы рукі так, каб яны былі разрозьнены, знача зложаныя не разам, а разстаўленыя кожды паасобку. Снапы зложаны ў рознакідку, ў рознакідзь г. зн. наўпераменкі: аднаго снапа камель, другога каласы. Парозьніць – падзяліць, пасварыць. Яны парознены – нясумесны, аддзельны. (Зраўняй стар. слав. – „рознь“. сварка). У Насовіча (565) маецца розный у двох значэньнях – рас. „всякій“ і „разный“. Розныя шапкі. Мой пояс розны ад твайго; і розьнь, розьня ў значэньнях – рас. „различіе“, „несогласіе“, „ссора“ „раздѣл“: Вялікая розьнь між намі. Між імі якая-то розьня зашла. У розьні жывуць. Розна – „адзельно“, „различно“ (памылкова), „несогласно“. Брацьця жывуць розна. Суседзі блізкія, а жывуць між сабой розна. Розьніца, розьніць, розьніцца, парозьненьне „разногласіе“, поразна „порознь“.

Рожны – не такі, як іншыя, другі, інакшы рас. „различный“, „разный“. Ляжаць разам дзьве рожныя кнігі. Разрожніць, адрожніць – распазнаць ад падобнага. Рожніца, неаднаякасьць, іншасьць чагось ад падобнага.

Ведаць і знаць. Можна чалавека знаць па яго фізічных: аблічча, паходцы, мове, але ня ведаць хто і што ён такое ў сваей душы. Нельга казаць: Я знаю дзе ён, – трэба: я ведаю дзе ён, ці ведаеш Тумаша? Трэба: Ці знаеш Тумаша што ён, з кім ён, чаго там. Расійскае слова „знаніе“, тлумачыцца на беларускую мову – веда.

У Насовіча (215) маюцца словы: знацьцё – Калі-б знацьцё, што ў кумы піцьцё; і сам-бы пашоў і дзетачак павёў; у знач. рас. „извѣстія“ – Знацця не далі, што яны будуць тут. Знаць – „познать“, „чувствовать“. Знаць, пазнала кошка чыё сала зьела. А такжа ў знач. рас. „видно“, “значит“: Знаць табе там добра. Знаць табе Настулька замуж хочацца, што твае сьлёзанькі ня коцяцца. Знаць па вясельлю, што не татачка цябе аддаець, не мамачка благаслаўляець.

Ведама – „извѣстно“ (105 Нас.): Німа ведама дзе падзеўся. Бяз ведама майго ня йдзі. Табе ведама, што я яго люблю. Яго хітрасьць усякаму ведама. Праз вядомага чалавека паслаў.

Усякі і ўсялякі. (Падобна, як расійск. – „всякій“ і „всяческій“, як польскае – „každy“ і „wszelki“). Усякаму чалавеку усяляк здараецца. Бывае й чарвяку усяляк на вяку. Усякі чалавек, меў усялякага дабра (Рам.). Усяляк нажываешся і Кузьму бацькам называешся.

Благі і болагі (ононім). Благі, блаж – дрэнны, злы, нягодны, нягоднасьць. Благі ён чалавек, знача нягодны, злы. Благому блага на сьвеце жывецца. І наадварот, слова болагі азначае добры, прыемны (Зраўняй стар. слав. блаженный, блаженство, польск. błogi, błogość). Болага на сэрцы, на душы, на сьвеце (Смаленск. болазе, Менск. балазе). Балазе сьвятому ў Бога запазухай. Балазе, што ўцек!

Для, ля, дзеля. Прыймя для выражае назначэньне чыну, дзеяньня (каму, чаму): Я прынёс для вас гасьцінца. Зрабіў пакупкі для дому. Ля – скарочанае каля, падобна як замест глядзі! глянь! кажуць у Горадзеншчыне – гля!, як замест трэба, кажуць – трээ, замест надта – наат і г. п. Ля вакна, ля стала, ля хаты. Дзеля – адпавядае стар. слав. „ради“: Гэта ўсё я рабіў дзеля цябе. Дзеля чаго гэта? Дзеля дзетак ўся праца наша.

Казаць, гаварыць, гаманіць, галакаць, галёкаць, гутарыць, размаўляць, гука́ць, дудукаць, зюкаць, зяпаць. Казаць выражае паняцьце выказу не ўзаемнага, а ад першай, другой, ці трэцяй асобы. Я казаў ім каб яны пагаварылі аб гэтым. Яны (ён, яна) прыйшлі і сказалі мне. Ня буду казаць вам аб тым, што людзі мне пераказывалі. Гаварыць могуць паміж сабой двоя, ці многа людзей, прычым разумеецца, што мова іх мае спакойны характар. Мы пагаварылі і разышліся. Яны седзячы за сталом гаварылі аб усім (але нельга – казалі аб усім). Гаманіць, знача гаварыць голасна, паднятым голасам, сярдзіта, запальчыва, сварыцца. Гаварылі, гаварылі і раптам загаманілі! Пагамані ты, бацька, на свайго хлопца. Гаманлівы быў сход, – крыклівы, сварлівы. Галакаць – гаварыць крыкам, крычаць (польск. hałasować). Чаго ты галакаеш як у карчме ці лесе. Як толькі зьбяруцца, то зара ўсе разам і загалакаюць. Галёкаць – крычаць на ўвесь голас. У лесе галёкаюць, склікаючыся. Гутарыць, адпавядае расійскому „бесѣдовать“, гаварыць спакойна, разважна. Гутарка – рас. „бесѣда“. Размаўляць – сярэдняе па значэньню, паміж гаварыць і гутарыць. Гукака́ць

– тое-ж што і дудукаць. Дудукаць – вясьці размову прыніжаным голасам, прыязную, спакойную, безабьектную, а так аб усім, рас. „калякать“. Старыя сойдуцца вечарам, пасядуць на прызбе і дудукуюць сабе. Зюкаць – гаварыць голасным сьвістучым шэптам. Што вы там зюкаеце, зюзюкаеце па кутох! Маўчы, ані зюкні! Зяпаць бязсільна, крываць, крыкліва і бязсэнсу гаварыць. Не зяпай ты ўжо, ніхто цябе няслухае. Зяпае, аж вушы трашчаць, а слухаць німа чаго. Зяпайла – крыкун, беззьмястоўны прамоўца.

Цяпер, зараз, за́ра. Цяпер знача ў гэты час. Цяпер я пайду дамоў. Цяпер скажу табе праўду. Скажу цяпер ды не зара. Зараз – скора, хутка. Панскае – пачакай, а жыдоўскае зараз. Зараз прыду, зараз зраблю.

Жуда, журба, нуда, туга, сум, смутак, маркота. Жуда – слова выражаючае духовы стан смутку, зьмяшанага з непакоем і страхам. Жуда гложа сэрца. Слова блізкае па зьместу да расійскага „ужас“, але маючае свой асаблівы адценак, не зусім сходны з гэтым расійскім словам, хоць Я. Купала слова жудзь, жудасны ужывае ў значэньні расійскага „ужас“, „ужасный“. Журба сходна з рас. „горесть“. Ен усё журыцца, усё бядуе. Туга адпавядае расійскаму „тоска“. Гэткая туга цягучая на сэрцы! Тужыць па мужу маладзіцца. Сум, смутак адпавядаюць рас. „скорбь“. Смутлівая маці (у рукапісн. „повесьці о муцэ Хрыстовой XV ст.) у знач. „скорбящая“. Не смуцемся, зьвесялемся, Спасіцель ніне ляжыць на сене (з Каляднай песьні). Маркота адпавядае рас. „печаль“, Чаго ты такі маркотны, чаго замаркоціўся.

Друг, прыяцель, таварыш. Я нязгодзен з грам. Я. Станкевічам (гл. № 4 „Крывіча“, Кнігапісь), што ў беларускай мове німа слова „друг“. Калі мы ў нашай мове маем: дружба, дружыць, дружына, дружка, дружбант, дружбіт і інш., то нельга выкідаць слова – друг, бо дружаць з другам. З кім дружу, той мне друг, знача мой двайнік, другі я. Прыяцель ад слова – прыяць, знача той чалавек, які спрыяе, жычыць дабра, спагадае. Таварыш выражае паняцьце раўні, роўнасьці, аднамісьніцтва, сулямшчыцтва. Таварыш па нядолі, па службе, па працы. Гусак казлу, а воўк авечцы не таварыш. Конь каню, а сьвіньня калу таварыш (аб яго чухаецца).

Кветка і краска. Жыта, пшаніца – красуе, а яблыня, вішня – цьвіце, квіце – кажуць у нас цяпер. Аднак, як можна мяркаваць з народнай мовы, словы квет, цьвет у значэньні Folium, – навейшы набытак беларускай мовы, бо ўсюды на Беларусі народ называе Folium – краскай. Краска васількі, жывакосту, бэзу і г. д. І побач гэтага кажуць: кветка аўса (колас), пасадзі кветку (Flans), прышчапі кветку (пучок) яблані садавой да дзічкі. Я склонен абстаіваць усюды у нашай мове словы: краска – „цвѣток“, красаваць – „цвѣсти“, краса – „цвѣт“.

Ма́рыць, крозіць, лятуцець, мроіць. Слова марыць у значэньні рас. „мечтать“ зайшло да нас, і то вельмі нідаўна, пад ўплывам польскай мовы, у якой маюцца словы: marzyć, marzenie. У беларускай мове пад словам мара разумеецца мітычная істота: „якая у часе сну кладзецца на чалавека і душыць“ (Фэдароўскі. Lud Biał. T. I.), якая паказываецца як чорны прывід начамі. Гэта хутчэй будзе „прызрак“, „кошмар“, але ніякім спосабам ня можа быць „мечта“. Дзеля гэтага слова мара ў значэньні рас. „мечта“ польскага – „marzenie“ раз на заўсёды трэба адкінуць, як нязгоднае з нашай мовай. Крозіць – слова складное з: крозь, скрозь, і зеціць – узірацца; па этымолёгічнаму свайму складу яно сусім адназначна з рас. „грезить“, „грёзы“. Лятуцець, лятунак, мне здаецца, слова не зусім выражае паняцьце „мечта“, яно мае нейкі іншы, няўхватны адценак гэтага паняцьця. Мроя, мроіць ужываецца па Сожу ўверх да Мсціслаўля, і на захад да Бярэзіны – у народнай мове. Яно вельмі падобна да украінскага, „мрія“, „мріять“; фіксуе паняцьце нечага здалёк сьвецячага, нечага ў памяці мільгаючага, што чуецца, але з трудом улаўліваецца. Мроіцца мне ў памяці. Ледзь душа ў целі мроіць. Ей ўсё замужжа мроіцца. Умроіў сабе хлапец музыкантам стацца. На захад ад Бярэзіны кажуць: роіцца, уроіў. Роіцца нейкі нязьведаны край (Алесь Гарун).

Кожды і кожны. Гэтае слова мае рожніцу бадай што не ў значэньні, а ў напісаньні. Старая беларуская літэратура і многіх мясцох народная беларуская мова, ня знаюць кожны (Прыкладам у Фэдароўскага я не сустрачаў). У старой нашай пісьменнасьці знаходзім: каждых і кожды. У слоўніку Насовіча (стр. 240) ёсьць кожды, кожан з перакладам на расійскае „всякій". Кождый чалавек перад Богам. Кождаму хочацца есьць. Але побач гэтага знаходзім у Насовіча: кожный і кажынны. Кожан дзень пьяны. Кожная дзеўка за яго пойдзець. Кажаннаму чалавёку хочацца мець добрае. Рэдакція „Крывіч" прыняла напісаньне – кожды, каб адмежыцца ад жаргоннага расійскага кажынный (якое як многа іншых расійскіх слоў трапіла праз стараверау у слоўнік Насовіча). „Кажынный раз на ефтом самом мѣстѣ". Гэтак сама трэба адкінуць слова кожны (ў знач. кожды), што гэтае слова з націскам на канцы, ўжываецца ў значэньні шалёны, варьят. (Зраўняй украінск. „скажени"). Кажны сабака. Кажны, кажная – гаворыцца аб варьятах.

Адповедзь і адказ. Слова адповедзь ужываецца ў значэньні рас. „отвѣт" (Нас. 378): Якую даў табе ён адповедзь. Ты па сьвінску адпавядаеш. Адказ мае значэньне рас. „отвѣтственность", „отказ", „завѣщаніе". Я гэтага не вазьму на свой адказ. Адкажаш перад Богам за маю крыўду. За каго будеш адказываць нерад панам? Атказаўся ад службы. Усё адказаў сваім дзяцям.

«Крывіч», № 5, лістапад 1923 г., б. 29–32.

Выцябкі і поцябкі

Выцябкамі называюць мейсцы разчышчаныя з пад лесу, поцябкамі розныя адпадкі пры сечыве, сучкі, веткі і інш. У слова „выцябка“ кладзецца ў аснову паняцьце „цяць“, „цяпаць“. Першае Носовіч тлумачыць рубануть, ударыть. Цяў абухом у лоб і капут хабану. Цяў, каб зубы сьцяў. Другое слова у Насовіча вытлумачана няпраўдна, яго тлумачыць ён гэтак: „Хватать зубамі свойственно кусающимся жывотным“: Сабака цяп і ўкусіў. Тут слова „цяп“ ня што, іншае як беларуск. „цап“, рас. „хвать“, што не адпавядае значэньню слова, бо кажуць: „Цяпнуў яго абухом“, знача сякануў. Цяпае сякерай, знача сячэ ударае. Рожніца паміж аднасловамі выцябкі і выцярабкі тая, што пад першым разумеецца выцяты лес, пад другім дробны парасьнік. Гэты два аднасловы адпавядаюць расійскім „подсѣка“ і „чищоба“. Мне здаецца, што і найменьне гораду Вітабск, стар. Вытьбеск, паходзіць ад слова выцябка, знача мейсца высечанае, разчышчанае ад лесу.

«Крывіч», № 6, сьнежань 1923 г., б. 50.

Матэрьялы да беларускага слоўніка

Белы, сьветлы, ясны, пазней *свабодны*; санскрыцкае *çvi, çvit, çveta* – ясны, белы, эпітэт тасаваны да бога сонца. Калі першапачатковая выабрзьлівасць слова робіцца ня чоўкай ўжо слуху, яно зазвычай паднаўляецца эпітетам, які часта і астаецца пры ім, на заўсёды. Гэткі эпітэт мы знаходзім у выражэньнях: белы сьвет і белы дзень; з іх першае атрымала значэньне ўсесьвету, слав. вселенная, г. зн. усяго відомага, асьвечанага, асьветленага, літоўск. *svietas*, стар. пруск. *svitai*, также ужываюцца ў абодвых значэньнях і як ўсесьвет і як стыхія сьвятла. Зраўняй літоўск. *baltas*, латыш. *balts* – белы, прыгожы, mare Balticum – Белае мора. З імянем Белбога, здаецца, пераважна зьвязывалася паняцьце дзеннага сьвятла-сонца. Гэту дагадку падмацоўвуе сьведчаньне нямецкай міфалогіі, дзе славянскаму Белбогу адпавядае бог сьвятла, белага дня, сын Одына: *Bäldäg, Beldeg* (складное з бел і *däg, dag, tag*). Сонца упадабнялася бліскучаму вянцу, каруне на галаве нябеснага бога; яно называлася царом, валадаром сьвятла і дня і пазьней служыла эпітэтам пануючым асобам. Гэтак у умове Алега з Грэкамі упамінаюцца светлыя князі і дагэтуль жыве ў народзе эпітэт – белы цар. Такім самым шляхам англёсаск.: bealdor, baldor атрымала значэньне князя, караля, валадара. Апіраючыся на вышэйпрыведзеным, трэба думаць што і тэрмін Беларусь, акром значэньня сьветлая – ясная, вольная, тоўпіць ў сабе яшчэ паняцьце валадарная, пануючая, што зьяўляецца адгалоскам сівой старасьвеччыны.

Сьвет (сьвяціць) і сьвят (сьвянціць) з філолёгічнай стараны адназначны: па старасьветнаму пераконаньню сьвяты гэта белы, сьветлы, бо сама стыхія сьвятла зьяўляецца богам, непераносячым нічога цёмнага, нечыстага.

Красны першапачаткова азначала сьветлы, яркі; бліскучы, агністы; слова гэта звязана з паняцьцям: крэе – агонь, красьнік – старасьвецкае найменьне месяца красавіка; красьнік – дагэтуль называецца ў Вітабшчыне весьнявое сьвята, адношанае то да Юрыя то да веснавога Міколы. Красавацъ – даваць квет, краска – кветка (folium), красуня – прыгажуха, зкраса – клустасьць у страве, пакраса – аздоба, краса – прыгожасьць, красавацца – быць прыгожым, прыгажыцца.

Жыта аднаго караня з жывот (жыцьцё) і Жыва – багіня вясны.

Чорт ад „чорны“. У духоўнай літэратуры чорт мянуецца „князям цемры“, у немцаў чорт называецца – *der schwarze*, стар. санскрыцк. – *mirki* (зраўняй з нашым – мерат, морак).

Мара. Галоўнай эмблемай нячыстай сілы у славянаў была Марана, Морэна, Марва ад санскрыц. *mri* – паміраю, сьмерць, лац. *mors* – багіня сьмерці, зімы і ночы, аднаго карана са славамі: мор, паморак – пошастная хвароба, морак – цемень, мары – насілкі для нябошчыкаў, мара – нячыстая сіла, сонны кашмар, прывід, марыць – мучыць, мерат – чорт, зьмерк, меркаць, зьмеркаць – цемень цямнець, мрэц, мярцьвец мярляк – нябошчык, мярэкаць – мала знаць, біцца ў цямнаце, з трудом распазнаваць, разумець, марокавацъ – хмарыцца, дуцца, амарока – зацямненьне, марочыць – дурыць, мярцьвець – заміраць, сморад, сьмярдзець – мець благі пах, хмара – туча, хомар, хомарна – (на Палесьсі) туман, імгла, мароз.

Плюта, лац. *plio* – дажджыць, чэск. *plušt* – дождж, слова азначае улеву, дажджлівы час, ад караня: плуті, плысьці, ліцца.

Зерыць – прыглядацца, зорыць – сьвятлець, сьвяціць, зрэнка – цэнтральны кружок у воку, зорка – гвязда, зірк, зіркаць, зырыць – хутка глянуць, глядзець, заранка – ранічная гвязда, Вэнэра, зарніца – далёкая бліскаўка, маланка, сьвігавіца. Літоўск. *zereti* – блішчэць, зіяць, чэск. *zira* – сьвеціць; зеціць рас. – созерцать.

Бачыць, санскрыцк. *bhas* – блішчэць і відзець.

Зенкі – вочы, зрэнкі, ад зе(і)яць – блішчэць.

Ноч. санскр. nakta г. зн. час калі дзень памірае, нікне. Наша загадка кажа аб дні: „вечарам памірае, раніцай ажывае“.

Усток – ускод сонца, слав. восток, ад слова цяку.

Захад і сонцасад; а такжа сутон, старана куды заходзіць сонца.

Сівер, старана сьцюдзёных ветраў, сіверна – сьцюдзёна, ветранна. Лац. *saevus* сярдзіты, люты, літоўск. *šaure* – паўночны, лінгвісты збліжаюць з санскр. *savya*, зэндзк. *havya*, славянск. шуйца – левы, бо первабытны чалавек ставаў на малітву, заўсёды абліччам да ўсходу, ўстоку, і гэткім чынам зправа меў поўдзень (лац. *dexter*, санскрыцк. *dak – shina)* – правую, десную старану, а злева сіверную, паўночную.

Золата у Остром. еванг. злъчь, польск. złoto, латышск. zelts! Золата рабіла ўражаньне жоўтага блеску, згэтуль адзін карэнь служыць для абазначаньня жоўтага колеру і золата (зраўняй ням. *gelb* і *gold*. У нас замест: „усход сонца залаціць неба“ – кажуць: залачэе, залачыцца, золак.

Прыяцель, санскрыцк. *prijas* любімы чалавек, чэск. pryjatel.

Пярун старслав. пряти, нашае: праць, пяру – біць, выбіваць пральнікам бялізну (прачка): „пярэ рубанцом“ – бье паленам; „каб цябе Пярун трэснуў“.

Тур. З найменьнем тура вяжуцца паняцьця аб скорым руху, бегу: турэц – быстраток на рацэ, турыць, гнаць, туровіцца – сьпяшацца, рупіцца, вытурыць – прагнаць.

«Крывіч», № 4, верасень–кастрычнік 1923 г., б. 30–31.

Галцяі і галцяйства

У беларускай актовай мове даволі часта сустрачаюцца словы: „галцяй, галцяйства, галцяі, людзі прыгалцявелыя, а такжа і ў кніжнай старабеларускай мове, прыкладам у Камянецкай: (з Камянца Літоўскага) Чэты 1489 г., ў значэньні: галцяй – бедны, галцяйства – беднасьць. Пры перакладзе беларускіх дакумэнтаў на лацінскую мову, словы гэты тлумачацца – *nihil tenent, nihil dant*. У адным з дакумэнтаў „галцяямі“ названы бадзячыя музыканты, скамарохі, але агульна гэтае слова тасавалася да людзей „голых“, „пагалелых“, немаетных, гультаёў, зусім ў тымжа значэньні, што ў цяперашняй расійскай мове – „босяк“, „босяки“, „босячничество“.

«Крывіч», № 4, верасень–кастрычнік 1923 г., б. 49.

Першыя беларускія слоўнікі

Першы Крыўска-Беларускі слоўнік апрацаваў Лаўрын (Лаврентій) Зызаній і надрукаваў яго ў Вільні ў канцы XVI ст. Загаловак кніжкі гэткі: „Лексисъ сиречь реченія, въ кратцѣ събранны и изъ словенскаго языка на простый рускій діялект истолкованы. Вь Вильнѣ 1596“. Як відаць з загалоўка гэта ёсьць слоўнік славянска-беларускі. Гэты слоўнік маецца панова перадрукаваны ў Сахарова „Сказанія русского народа“ (СПБ. 1849 г. Т. II). Акром гэтага ёсьць яшчэ другі падобнага тыпу слоўнік значна абшырнейшы, які быў надрукаваны у Кутэйнскім манастыры (Могілеўская губ.) у 1655 г., гэты апошні уложан Памвай Бэрындай і першы раз быў надрукаваны ў Кіеве ў 1627 годзе. Мова ў абодвых слоўніках не жывая народная беларуская, а такая якую мы сустрачаем ў актах і ў тагочаснай літэратуры, ўсёж-такі абодвы слоўнікі маюць ня толькі вялікую гістарычную вагу, але і практычную, навукавую, асабліва для нашых і украінскіх філалёгаў бо літэратурная і актовая мова ў тыя часы была немаль адна і тая-ж у нас і ў украінцаў.

«Крывіч», № 6, сьнежань 1923 г., б. 48–49.

Эпітэты і мэтафары

Найбольш характэрызуюць самабытнасьць мовы яе эпітэты і мэтафары, г. зн. тыя найменьні рэчам, якія дае народ пад найсьцем мастацкай творчасьці. У расійскай напр. мове агульна вядомы эпітэты: кот-васька, косолапый мишка, змѣй горыніч, травка-муравка і г. п. У нашых аўтораў адраджэнцаў мы часам сустрачаем чужыя эпітэты, якія надаюць іх творчасьці прыкры для беларускага вуха, чужы колёрыт; і гэта у той час калі беларуская мова абладае сваімі ўласнымі эпітэтамі і мэтафарамі. Пазнаньне беларускіх народных эпітэтаў і мэтафар павінна быць адным з галоўнейшых заданьняў нашай этнографічнай і літэратурнай працы. Для прыкладу падаю тут горстку беларускіх эпітэтаў і мэтафар, сабраных ў зборніках Раманава, Шэйна, Безсонава, Крачкоўскага, а часьцю запісаных мной ў аколіцах Пружан, Дзісны, Лепэля і Быхава.

Кот – мурчак, курневіч;
мядзьведзь – мармыль, мармулевіч;
сабака – брэхта, брэхтулевіч, курта;
гусак – плавандзей;
індык (калакут) – гаўдзюлевіч;
воўк – гмырмель, хапун, самаглод;
вевёрка – крутомка;

лісіца – сястрыца, лыгманка;
сьвіньня – рохля;
заяц – курцік, крывандзей, касавуры, касавур;
каршун – курацап;
голуб – брукач;
варона – каркуха;
рак – паўзун;
сарока – белабока, шчакатука;
бусел – даўганогі, кургузовіч:
муха – шумуха, палятуха;
вужака – сіпуха, верацейвіца, падкалодніца;
певень – пятуховіч, кудакевіч, кукарэцкі;
ячмень – вусач, вастач;
авёс – лахмач;
пшаніца – бялуха, ярая пшаніца, ярая пшонка;
жыта – ядраное, залацістае;
грэчка – мархлячка;
гарох – павівач, стручак, бурчак;
арэх – лузгач;
бяроза – касатая, белагрудая, белая;
колас – залацісты, ядрысты, бажадарчык;
мяды – густыя, бруштовыя, ліповыя;
трава – віхратніца;
дуброва – зялёная, драмуха;
месяц – ясен, ясны, перакрой, ноўчык, маладзік;
сонца – красна;
гвезды – часты, густы, дробны;
вецер – буен, лістадзёр, лістагон, шугавей, сьвістун, пасьвістач;
мяцеліца – паўзуха;
мора – сіня;
масьляніца – каўзуха;
дзеўка – чорнаброва; зара ясная;
дочкі – лябёдкі, перапёлкі;
сыны – салаўі, сакалы;
гаспадыня – ластавіца, зязюля;
цела – бела;

`косьці` – жоўты;
`руса` – каса;
`красна` – панна;
`чэсна` – жана;
`бел` – маладзец;
`моладасьць` – буесьць;
`магіла` – вечны дом, цёмен церамок, вечна ціш, нямая, утульніца;
`руда` – золата;
`чыста` – серабро;
`гарэлка` – ташчаначка, акавітачка;
`лістом` – слацца: лістом зелянюсенькім прад табой маладзюсенькім;
`зязюляй` – кукаваць (плакаць);
`макам` – разсыпацца;
`хмелям` – віцца;
сакалом, `ластавіцай` – палётываць;
`пчолкай` – увіхацца;
`сонцам` – сіяць;
`асінай` – дрыжэць;
`на дражджах` – расьці;
`калінай` – цьвісьці.

«Крывіч», № 4, верасень–кастрычнік 1923 г., б. 50–51.

Істба

Першапачатковыя хаты славянскіх народаў будаваліся з бярвеньня зьбітага гваздамі па вуглох. С чатырох сьцен атрымлівалася чатыравуглавае памяшчэньне, якое называлі „ізбоінай“, „ізбой“. Таксама як ад слова „клеціць“ – будаваць, атрымалася слова „клець“. Памяшчэньні бывалі халодныя і цёплыя – цёплыя атапліваліся, і ад слова „таіць“ атрымаўся назоў цёплага памяшчэньня – „істоба“, „істаба“, „істопка“. З развіцьцём культуры і заможнасьці пачалі будаваць большыя дамы, не ў адну „ізбоіну“, „клетку“ ці „істопку“, а ў некалькі. Паявіліся і новыя назовы: „Сьвятліца“, бакоўка“, а далей пайшлі назовы паводле назначэньня: пякарня або варыўня, дзе пяклі і варылі, чалядная – дзе жыла чэлядзь, спальня – дзе спалі, страўня або сталовая – дзе сталаваліся, елі страву, гасьцінная – дзе прыймалі госьцяў.

У замках былі істбы-князеўскія, соймавая, сэнатарская, пасольская, судовая, пісарня, прымніца або паслухальня, дзе прыймалі інтэрасантаў, бавяльная – дзе адбываліся забавы.

У XVI сталецьці правадаўчая установа, Рада Вялікага Князьства Літоўска-Беларускага, распалася на дзьве палавіны: істбу сэнатурскую і істбу пасольскую. У першай засядалі князі, ваяводы, гараднічыя, міністры і біскупы, ў другой выбраныя шляхтай земскія паслы.

«Крывіч», № 6, сьнежань 1923 г., б. 51.

Навец, наўскі

Наўцом называюць ў аколіцах Мёраў, Шаркаўшчыны і Відзаў (Віленск. губ.) сьвежа памершага нябошчыка, а такжа нябошчыка які па сьмерці ходзіць ў сваім целе і ссе кроў (рас. вурдалак, польск. upior). У гэтых ваколіцах навец проціставуляецца мярсьню, даўно памершаму які „разсыпаўся“ і ня мае ўжо цела, а паказуецца толькі як дух „сьцень“ (мярсьцень, мерсьціцца прымярэсьціўся). У даным здарэньні слова „навец“ так сама эпітэт, як і слова „сьвежаніна“, „сьвежаваць“, „асьвяжыць“, якое ўжываецца ў тасунку да статку. Наш селянін, не скажа: зарэзаў, заябіў карову, вала; гэта лічыцца груба, дзеля гэтага кажа – асьвяжыў вала, карову, барана. Ў мысьль гэтага непрыстойна казаць „мярцьвец“, „труп“, на сьвежа памершага, а трэба казаць „нябошчык“, „навец“, Наўскі, яму прыналежачы, прыкл. Наўскі Вялікдзень (памінкі у праводную нядзелю). У штодзеннай мове можна чуць падобныя сказы: „Наўца праводзілі на могілкі“. „Наўца памылі“. Пры гэтым істнуе пераконаньне, што ходзячага па сьмерці наўца, трэба адкапаўшы яму, прыбіць яго да труны асінавым („асовым“) калом.

«Крывіч», № 6, сьнежань 1923 г., б. 50.

Крыўска-Беларускі іменнік

Летапісі, а часьцю і этнографія перахавалі памяць аб пастрыжынах і перамене імён, пры пераходзе з аднаго ўзросту ў другі. Праўда, ні летапісі, ні этнографія не даюць нам поўнага абраза гэтага цікавага абраду. З гісторыі мы ведаем, што некаторых княжых дзяцей пастрыгалі на восьмым гаду жыцьця. Але наша этнографія паказуе, што пастрыгаюць моладага і ў часе яго жанідзьбы. Ёсьць і абрадовая песьня, пры пастрыжынах маладога:

„Пастрыгайся Яначка з рабяцкага стану,
Ды ў мужскую славу.“

Як у многіх пытаньнях этнографіі, этнолёгіі і міфалёгіі, чаго няма ў сябе, то можна знайсьці ў другіх народаў, ці то зродных, ці то навет далёкіх, але стаячых на такой ступені культуры, якая адпавядае шуканай эпосе. І ў нашым здарэньні зьвярнуўшыся да параўнаўчай этнографіі (Спэнсэр, Гарвід, Тэйлер) мы лёгка установім, што пастрыжыны адбываліся тры разы ў радавы пэрыод: на 8-м годзе, калі сын з пад апекі маткі, паступае пад апеку бацькі, на 18–19 гаду, перад жанідзьбай і на 40 (прыблізна), калі жэніць сына. Калі гэту вестку зраўняем з бытам нашых сялян, то пераканаемся, што дагэтуль яшчэ ў нашым народзе перасьцярагаюцца звычаі далёкай радавой эпохі.

Гэтак маломў хлопцу, да нідаўна яшчэ лічылася у нашых сялян, непрыстойным шыць да 7 гадоў порткі. Надзяваньня-ж першых портак зьвязвалася з пастрыжынамі валасоў, пераменай імя і, ўрэшце, порткі азначалі, што хлопец пераходзіць пад апеку бацькі. Маткі, як ведама, дзяцям падбіраюць самыя песьлівыя імёны, або іначай кажучы выводзяць гэты імёны ад хросных, паводле законаў, мовы і прынятага абычаям спосабу. Гэтак Антон будзе – Анцік, Юры – Юрцік, Міхайла – Місь, Міхцік, Гаўра – Гаўрык і г. д. Гэта т. ск. асноведзь, на якой як узорам вытыкаюцца розныя песьлівыя тонацыі на чык, чычок, ачок, ічок, учочак, усючок, асючок, ятка, іська, лёк, уся, ута і г. п.

Каліж хлапца апранулі ў порткі і ён ужо стаўся мужчынам, каб зьмену гэту ў яго жыцьці яшчэ крапчэй зазначыць, яго ўжо больш не называюць Юрцік, Петрык, Анцік, ён ужо не мамчын пястун, не дармаед, а ўжо работнік: будзе гусей, ці курэй пасьвіць, пёры скубаць, паедзе разам з бацькам у поле, дык і імя яго ўжо з гэтага часу дзелавое: Пятрук, Антук, Юрка і г. д. Гэта форма імён т. ск. пастускага стану. Але, вось, хлапец падрос, ён ужо не пастух, а дзяцюк, маладзён, тут ці сам уцерся, ці яго мо хто ўвёў у кавалерскую і дзявоцкую кампанію, на вечарынку ці йгрышча. У дзявоцкай кампаніі такая форма імён, як Антук, Пятрук яўна не прыстойная і не стасоўная, і, зрэшта, старадаўны абычай вымагае, у зносінах маладзежы паміж сабой, тону уважлівага, ветлага. І, вось, тут, у гэтай сфэры, самі сабой замяняюцца Антукі у Антоляў, Пятрукі у Петрасёў, Юркі у Юрасёў, і, ў свой чарод, дзявочыя імёны з дзіцячых адпавядаюць хлапцоўскім, ператвараючыся ў: Пятруся, Югася, Глося, Дося, Алеся і г. п.

Урэшце прыходзіць час жанідзьбы: пераход, будзь што будзь „з рабяцкага стану ды ў мужскую славу“. Тут ужо і сам Бог судзіў Ігнасю, Місю, Аркасю, Кастусю, ператварыцца ў Ігната, Міхайлу, Аркада, Кастуша і г. д. Гэта час, як кажа прыказка „мужаваньня і баяваньня“. Але час ідзе. Падрасьлі дзеці, Міхайла і Ігнат і Пятро ажаніў сына.

Нявестка прышоўшы ў новую сямью, стараецца быць да ўсіх ветлай, уважлівай, а ў першы чарод да бацькоў мужа, і, вось, Аўгей становіцца Аўгіяшом, Астап – Асташом, Баўтрамей – Бутрымам, Грыгор – Грынём і ня толькі ў сваёй сямьі, і але ў суседзяў.

Гэткая самая градацыя адбываецца і з жаночымі імёнамі, адпаведна да ўзросту і грамадзкага становішча.

І калі, дзеколечы ў глухім кутку Лепэльшчыны, ці каля Сенна, сойдзецца грамада сялян, то з гутаркі іх адразу відаць аб кім яны гаворуць, калі называюць чыё імя. Гэтае багацьце мовы нашай, пад нівэлюючым чужым уплывам, ў апошнія часы, пачало руйнавацца. Першымі і даўнейшымі азнакамі гэтай руйнацыі было ўжываньне жаночых канчаткаў у мужскіх зробненых імёнах (па прыкладу лаўка, галоўка): Янка, Генька, Стаська і г. п. Гістарычная літаратура паказуе нам, што даўней гэтых жаночых форм у мужскіх імёнах не ўжывалі. Там маем Янусь, Генюсь, Стасік, або: Янцісь, Генцісь і г. п. Любілі даўней у нас такжа форму мужскіх імён з канчаткамі на *–о–* пад націскам: Янко, Станько, Грынько і інш., якія ужывалі часта ў 3 і 4-й ступені. Згэтуль імя Олелько магло быць старшай ступені. Другая форма выказуючая руйнацыю, гэта атрофія у грамадзян пачуцьця нелёгізму, калі старыя людзі называюць сабе Кастусь, Юстусь, Алесь, або малых хлапцоў называюць Альгерд, Тумаш, Антон. Мне здаралася быць сьведкам цікавай сцэны пры хрышчэньні: бацькі хацелі хрысьціць сына канечна імем Януш, а сьвятар даводзіў, што гэткага сьвятога ніколі ня было, а знача і хрысьціць гэтым імем нельга. І інтэлігент – сьвятар і інтэлігенты бацькі папісываліся перадсабой ўзаемна сваім няведзтвам, што імя Януш, гэта толькі выводнае ад Ян.

Дзякуючы заміраньню роднай старасьвеччыны ў народных массах і адарванасьці інтэлігенцыі ад народу, многія формы ў нашых імёнах, асабліва першае і чацьвертае ступені, вымагаюць шмат працы дзеля іх адшуканьня. Як відаць з прыложанага іменніка, жаночыя імёны больш пацярпелі утрат, чым мужчынскія. Гэтак мала захавалася форм жаночых імён 4-й ступені, што гаворыць у некарысьць павагі жанкі ў крыўска-беларускай сямы, навейшых часаў. Да вельмі цікавых збольшаных (4-й ступені) жаночых імён належаць такія, як: Марыніца, Анісіца, якія захаваліся у XIV Т. Актаў выдаваных Вілен. Археографічн. Каміс.

Пасколькі мне ведама, над крыўска-беларускім іменнікам дагэтуль ніхто не працаваў ні ў польскай, ні ў расійскай літэратуры, тымчасам праца гэта можа даць незвычайна цэнныя данныя дзеля зразуменьня многіх гістрычных імён і прозьвішч, якія у нас пераважна тварыліся з бацькоўскіх імён, прыкл.: Яраславіч, Глебовіч, Сангушка (Сонгушко, Сендюшко, Сенькушко, праўдападобна ад Санко, Сенко і Семко – Сімон), Олельковіч (Олелько – Аляксандар), Олізар (Елеазар), Грыневіч (Грынь – Грыгоры), Алехновіч (Олехно – Аляксей, ці Аляксандар), Мялешка (Малетій), Тышкевіч (Тышко, Цішка –Тимафей), Хадкевіч (Ходка – Федар), Касьцюшка (Косьць, Касьцюш – Кастантын), Міцкевіч (Міць, Міцько – Мікалай), Дашкевічы (ад Адаш – Адам), Юхневічы (ад Юхно – Акім), Арцімовічы (ад Арцім – Артемій) і г. д. і г. д.

Пры апрацаваньні гэтага іменьніка я карыстаўся ніжэйпададзенымі матэрьяламі:

1. Акты относящіеся к исторіи Сѣверо-Западного Края издаваемыя Виленской Археографической Комиссіей Т. V–XXIV.
2. А. Сапунов. Витебская Старина Т. I–V.
3. Носович. Словарь Бѣлорусского Нарѣчія.
4. Полн. Собр. Русск. Лѣт. Т. XVII. Западно-Русскія Лѣтописи.
5. Stryikowski. Historya Sarmacyi Europejskiej. 1885.
6. T. Narbut. Dzieje Narodu Litewskiego T. I–X.
7. Архив Минского Петро-Павловского Монастыря; 2 кн.

8. Рукапіснымі мэтрычнымі запісямі: а) Новасілкаўскай цэркві, (вілейск. пав.) 1827–1860 г.г. б) Шкунцікаўскай цэркві, (дзіс. пав.) 1771–1840. Асабліва багаты матэрьял мае пазвонная кніга запісяў гэтай апошняй цэрквы, дзе мясцовы сьвятар сыстэматычна адмячаў народныя формы імён, дадаючы побач: „во святом крещеніи" так-то. Прыкладам: „младенец Вольтік, во святом крещеніи Александр", або „Данут Шышка, во святом крещеніи Даніил" и г. пад.
9. Сваімі запісямі, сабранымі пераважна ў окаліцах Дзісны.

Авгій	Аўгік	Аўгук	Аўгусь	Аўген(ей)	Аўгіяш
Августа	Аўгуня		Аўгуся	Аўгута	
Август	Аўгісь	Аўгустук	Аўгусь	Аўгустын	Аў(Г)густым
Авдій	Аўдзік	Аўдзук	Аўдзіясь	Аўдзей	Аўдзіяш
Авдотья	(Аў)Дзюня	(Аў)Дзютка	(Аў)Дося	Аўдоля	
Авксентій	Аксік	Аксюк	Аксісь	Аксём	Аксайла
Авраам	Абрасьцік	Абрук	Абрась	Абрам	Абраш
Аврелія	Аўруня	(Аў)Рэлька	Аўруся, Раліся	Аўрэля, Раліна	Раіна
Аврелій	Аурык	Аўрук	Аўрусь	Аўрэль	Аўрыяш
Агафон	(А)Гасьцік	(А)Гапук	(А)Гапусь	(А)Гапон	Гапіян(ш)
Агафія	(А)Гаська	(А)Гапка	(А)Гася	Агата	
Аггій			(А)Гіясь	(А)Гіян	(А)Гіяш
Аглаіда	(А)Глоська		(А)Глося		
Агнеса			(А)Гнеся	Агнешка	Агнета
Аграфена	(А)Груська		(А)Груся	(А)Грыпіна	
Адам	Адзік	Адук	Адась	Адам	Адаш
Аделайда	Адзька	Адэлька	Адэльця	Адэля	
Адольф	Адзік	Адолюк	Адолюсь	Адольф(п)	
Адріан	Адрык	Адрук	Адрыясь	Адрыян	Адрыяш
Аким		Юктук		Якім, Юхім	Юхша
Акулина	(А)Кульця		(А)Куліся	(А)Куліна	(А)Куліта
Александр	(В)Ольцік	Валюк, Олек	(В)Алесь	(В)Алех, Алехна *	(Г)Вольша
Алексій	Ольцік	Алёшка	Алесь		Алёкса
Алёізій	Альзік	Альзюк(дзюк)	Альдзісь		Алёйза

Анастасій	Асьцік	Астук	Астась	Астас	Асташ
	Насьцік	Настук	Настась	Настас	Насташ
Анастасія	Наська	Настка	Настуся	Наста	
Андрэй	Андрык	Андрук	Андрусь	Андрэй	Андрыяш, Андрых
Анисим	Анісік	Аніська		Аніс	Анісім
Анисіля			Аніська(сця)		Аніста
Анна	(Г)Анця	(Г)Анка	(Г)Ануся	(Г)Анна (нуля)	
				Анэта	
Антоніна	Анця	Антолька	Антося(ля)	Антаніна	
Антон	Анцік	Антук	Антось(ль)	Антон	Антух
Аполина	Польця	Полька	(А)Палюся	Паліся(юта)	
Апполин	Польцік	Палюк	(А)Палюсь	(А)Палім	(А)Палінар
Аркадій	Арцік	Артук	Аркась	Аркад	
Асеній	Арсік	Арсук		Арсім	Арсайла
Артемій	Арцік	Артук	Арцісь	Арцім	Арціш
Афанасій	Панцік	Панук	(А)Панась	(А)Панас	
Бернадій	Борцік	Барнук	Барнась	Барнат	Барнаш
Богуслав(міл)	Богцік	Багук	Багусь	Богуш	Богша
Богуслава(міла)	Богця		Багуся	Багута	
Борис	Борцік	Барук	Борка	Барыс	
Балтасарій	(Б)Вольцік	(Б)Вальцюк	(Б)Вальцісь	Бальцар	
Варвара	Варця	Варка	Варуся	Варвара	
	Барця		Барціся	Барбара	
Варлаам		Барлюк	Барлюсь		Баркулаб

Варфоломей		Баўтрук	Баўтрусь	Баўтрамей	Бутрым
		Бахрук	Бахрусь	Бахрамей	Бахрым
			Будрысь		Будрыс
		Варлук	Варлась	Варлам	Варламей
Василій	Вася	Васька †	Васілька	Васіль	
			Базылька	Базыль	
Вассіан	Басьцік	Бастук	Басьцісь	Басьцей	
Венедикт		Бан(ад)ук	Бана(ды)сь	Банад (ын)	Банаш
Венцеслав	Вацік	Вецюк	Вацька	Вацлаў	
Викентій	Вінцік	Вінцук	Вінцусь	Вінцэ(н)т	
Викторія	Вікця		Віктуся	Вікта	
Виктор	Вікцік	Віктук	Віктусь	Віктар	
Владимир	Валодзік	Валодзька	Валодусь	Валадар(імір)	Валодша
	Ладзік	(У)Ладук	(У)Ладысь	(У)Ладар(імір)	Ладша
Владислав		(У)Ладук	(У)Ладзісь	(У)Ладыслаў	
Власій	Ўлась	Ўласук	Ўласцісь	Улас (Блажэй)	
			Аўлась	Аўлас	
Вѣра	Верця	Верка	Варуся	Вера	
Гавріил	Гаўрык	Гаўрук	Гаўрусь	Гаўрыла	Гаўра
	Габрык	Габрук	Габрысь	Габрыэль	Габра
Геновефа	Гэська		Гэнуся	Гунэта	
Георгій	(Я)Юрык	(Я)Юрук	(Я)Юрысь	Юры(ла)	Юрага
		Юрка		Ярыла	
Герасим			Гарась	Гарасім	

Гервазій	Граўцік	Гравук	Гравась		Граўша
Григорій	Грысь	(Г)Рыгук	(Г)Рыгась	(Г)Рыгор	Грынь, Грыдзь
Давид	Додзік		Давыдзка	Давыд	
Даміан		Дзямук	Дзямісь	Дзямід	Дзямяш
Даніил	Дольцік		Данель	Даніла	Дануль
		Данук	Данусь	Данут	Дануйла
Дарія		(А)Дарка	Дарусь	Дарота, Адарья	
Дмитрій		Зьмітр(о)ук		Зьмітра	Зьмітрым
Діонисій		Дзянук	Дзянісь	Дзяніс	
Дорофей		Дарук	Дарцісь	Дарацей	
Евва	(Э)Еўця	Еўка	Яўціся		
Евгеній		Аўгук	Аўгусь	Аўгей	Аўгіяш
	Геньцік	Гянюк	Генісь	Гянят	Генюш
Евгенія	Геньця		Гянюся, Аўгуся		Аўгіня
Евдоким	Аўдзік	Аўдук	Аўдось(доль)	Аўдот	Аўдыяш
		Данук	Данісь	Данут	
Евдокія	Аўдзіся	Аўдотка	Аўдольця	Аўдося(ля)	
		Донька	Дануся(та)	Дануля	
Емельян		Амелька		Амельян	
Евпраксія	Прося	Проська	Праксэся	Праксэда	
Евстахій			Астась	Астап	
Евтихій		Аўтук	Аўтусь	Аўтух	
Евфимій	Хімцік	Хімук	(Аў)Хімтусь	Аўхім, Хімко	
Евфімія	Хімця	Хімка	Аўхіся	Аўхіня	

Ефросинія		(П)(Ф)Хрузька	(П)(Ф)Хрузіся	(П)(Ф)Хрузына	
Екатерина		Кася(ця)	Каця	Кацярына	
Елена	Альця		Аліся	Алена	
	Гальця	Галь(ш)ка	Галя, Гэля	Галена	
Елисавета			Альжуся	Альжбета	
Елисѣй		Гілюк	Гальясь		Гальяш
Еремій	Ярык	Ярмук		Ярэма	
Ермолай		Ярмук		Ярмол	Ярмойла
Ефим		Яхімка		(Аў)Яхім	
Ефрем		Ахрук	Ахрусь	Ахрэм	Ахрамей
Жозефина	Юзя	Юзька		Юзэфа	
Жанетта	Анця		Ануся	Анэта	
Захарій		Захарка		Захар	Захарьяш
Зиновій	Зецік	Занук	Занцісь	Занон	
Зиновія	Зіця	Зенька	Занцісія	Зіта	
Зосіма	Зосьцік	Застук	Засьцісь	Засьцём	
Иван	Івась	Івашка		Іван, Івон ‡	Іваш
Исідор	Сідзік	Сідук	Сідзісь	Сідар	
Иларіон	Лаўрык	Лаўрук	Лаўрысь	Лаўрын	Лаўрыш
	Гілік	Гілюк	Гілясь	Гіляр	Гіляруш
Ипполит	Гіполісь	Гіпалюк	Гіполюсь	Гіпаліт	
Иродіон	Радзік	Радук, Радзюк	Радзісь	Радзім	Радзівон
Іаков	Янцік	Яктук	Якусь, Якута	Якаў(уб), Якта	Якша, Яц
Іакинф		Кантук	Канцісь	Якант	

		Юхнук	Юхцісь	Юхінт	Юхно
Іоаким		(Ю)Як(х)імка	(Ю)Як(х)цісь	(Ю)Як(х)ім, Якша	
Іоанна			(Ю)Ягася	(Ю)Ягата	(Ю)Яга
Іоанн	(Ю)Ягцік	(Ю)Ягук	(Ю)Ягась	(Ю)Ягайла	(Ю)Ягаш
	Ясь	Ясюк	Яська	Ясюль	
	Якцік	Янук	Янка	Януль	Януш
Іосиф	Юзік	Юзюк, Еська, Язэпусь	Юзуль	Язэп	
Іуліан	Юлік	Юлюк	Юлісь(цісь)	Юльян	Юльяш
Іуліанна	Юльця	Юлька	Юльціся	Юля	Юляся
Казімір	Казік	Казюк		Казімір	
Карл		Карук	Карусь	Каро(у)х	Корша
Каролина			Каруся	Карута	
Кирилл	Кірык	Кірук		К(у)ирила	Кирьяш
Киріак	Кірыл	Кірук		Карэй	Кірша
Кипріан	Купрык	Куп(Цып)рук	Куп(Цып)рысь	Купрэй, Цыпрыян	
Клавдій	Клаўдзік	Клаўдук	Клаўдусь	Клаўдыян	Клаўдзіяш
Клементій	Клімцік	Клімук	Клімась	Клім	Клімаш
Кондратій		Кандрук	Кандрась	Кандрат	Кандраш
Константин	Косьцік	Касьцюк(стук)	Кастусь, Косьць	Кастуль	Касташ
			Канстась	Канстант	Канстайла
Константія	Косьця		Кастуся	Кастуля	
Косьма	Кузік	Кузюк	Кузьміс	Кузьма	Кузьмей
Кристин	Крысь	Крыстук	Крыстусь	Крыстын	
К(Х)ристина	Крыся		Крыстуся	Крыста	

Ксенія		Аксюта	Акціся	Аксёна	Аксініца
Канон		Канук	Канцісь(нась)		Канаш
Лаўрентій	Лаўрык	Лаўрук	Лаўрусь	Лаўрын	Лаўрыш
	Гільцік	Гільтук	Гілярусь	Гіляр	
Лев	Леўцік	Лявук	Лявось	Лявон	
Леонія		Леўка	Лявося		
Лолій	Лёлік	Лёлька	Лёлюсь	Лу(ы)нгвён	Лелюш
Лонгин		Лу(ы)нгук	Лу(ы)нгась	Лу(ы)нгвён	
Лука		Луктук	Луцэсь	Луц	Луктш
Лукіан	Люцік	Лютук	Лютысь	Лют, Люціян	
Лукерія	Люцька	Лютка	Лютысе	Луцэся	
Людовик	Людзік	Людзк	Людовісь	Людвіг	
Маврикій	Маўрык	Маўрук	Маўрусь	Маўра	Маўрыяш
Магдалена	Магдзя		Магдзіся(уся)	Магда	
Макарій		Макрук		Макар, Макрэй	
Максим	Максюта	Максімка		Максім	
Маланія		Маланка	Малася	Маляньня	
Мамій		Мамук	Мамцісь	Момат	
Маргарита	Маргуся		Магарэся	Магарэта	
Марія	Марка		Маруся	Марья(яна)	Мара
	Марця		Марыся(ля)	Марыня	Маріціца
Мартин		Мартук	Марцісь	Марцін	Марцей
Мартіана	Марця	Мартуся	Марц(э)іся	Марцэля	
Марфа	Марця		Мартуся	Марта	

Матвѣй		Матук	Мацісь	Матыс	Матыяш
Матрена			Матруся	Матруна	Мотра
Мелетій		Мялешка			
Мина	Мінцік	Мінук	Мінась	Мінайла	
Мірон	Мірцік	Мірук	Мірась	Мірон	Міраш
Михаіл		Міс(у)юк	Місь	Місай	Міхайла
	Міхцік	Міхалка	Міхась	Міхал	Міхайла
Михей		Міхук		Міхно	
Мойсей		Майсюк		Мойжа	
Настасія		Настка	Настуся	Наста	
Наталія		Наталка	Натася	Наталя	
Никита		Мітька, Міцька		Мікіта	
Никифор				Мікіпар	
Николай		Міколка	Міколя	Мікола	Мікалай
Олизарій				Алізар	
Ольга	Вольця	Волька	Вальціся	Вольга	
Онисим		Аніска	Анісь	Аніс	
Онуфрій		(А)Нупрук	(А)Нупрысь	(А)Нупрэй	(А)Нупрым
Остафій	Асьцік	Астук	Астась	Астап	Асташ
Осип	Юзік	Юзюк	Юзусь	Язэп	
Павел	Паўцік	Паўлюк	Паўка	Павал	
		Пашка, Пацька §	Пашко	Пац	
Параскева		Параска		Парася	
Парфеній				Пархом	

Пелагея		Паласка	Паласся	Паланея	
Петр	Петрык	Пятрук	Пятрусь	Пятро	Пятраш
Полина	Польця	Полька	Палюся	Палюта	
Прокофій		Пракопка		Пракоп	Прокша
Протасій		Процька	Пратась	Пратас	Прот
Радіон	Радзік	Радзька, Радзюк	Радзісь	Радзівон	Радзівойла
Рафаіл		Рап(ф)ук	Рап(ф)ась	Рап(ф)ал	
Регина	Рася	Раська	Ра(ю)ія	Раіна	
Рихард		Рышка	Рысь	Рышко	
Розалія		Рузька	Рузя	Р(а)узаля	
Роман	Ромцік	Рамук	Рамась	Раман	Рамаш
Рустик	Русік	Русук(ак)	Русьцісь	Рус	Рустым
Савелій і Савва		Саўка	Саўцісь	Савель	
Севастіан		Сабук		Сабоста	Сабасьцей
Самуил		Самук	Самусь	Самуль	Самойла
Сасоній		Сас(ц)ук	Сацісь	Сацько	Сац
Софроній		Супрук	Супрусь	Супрон	Супраш
Семен		Сё(і)мка		Сымон	Сімаш
Сигизмунд		Зыгмук	Зыгмусь	Зымунт	
Симеон		Сімка	Сімась	(С)Шымон	(Ся)Шымаш
Силуан		Сенька	Сільвась	Сілаш	
Софія		Зоська, Сонька	Зося, Соня		
Софроній		Супрук	Супрусь	Супрон	
Станіслав	Стасік	Стасюк	Стась	Станіслаў	Станіш

Степан		Сьцёпка		Сьцяпан	
Сусанна		Зулька	Зулісяя	Зуля	
Тимофей		Цімук(мка)	Цімусь	Цімон	
Тихон		Цішка		Ціхон	
Юстын	Юсьцік	Юстук	Юстусь	Юстын	Юстыян
Устиная	Юсьця		Юстуся	Юста	
Урсула			Аршуся	Аршуля	
Федор	Ходзік	Ходка	(Хвя)Хадась	(Хве)Ходар	Хадаш
		Хвядук	Хвеська	Хвядос	Хведша
Филимон		Халюк	Халюсь	Халімон	
Филипп		(Хві)Пілiпка		(Хві)Пiлiп	
Флорентій		Хролька(люк)	Хральцісь	Хрол	
Франциск	Пронцік	(Ф)Пранук	(Ф)Пранцісь	(Ф)Пранціш	Пронь
Христина	Крыся		Крыстуся	Крыста	
Христіан	Крысь	Крыстук	Крыстусь	Крыстын	Крыстым
Христофор		Крыштук	Крыштусь	Крыштапор	
Цецилія	Цэся	Цэська		Цыцыля	
Эдуард	Эдзя	Эдзюк, Эдзька	Эдзісь	Э(А)двард	
Эмиліан	Мільцік	Амілюк	Амільясь	Амільян	Амільяш
Эмилія	Мільця		Амільця	Аміля	Мільцэся
Юлій		Юлюк	Юльцісь	Юльян	Юльяш
Юльянія	Юльця	Юлька	Юльціся	Юля	
			Улціся	Ульяна	
Яков			Якусь(та)	Якуб, Якаў	Якуш

Фадей		Хвядук	Хведась	Хвядос	Хведзь
	Ходзік	Хадук	Хадась	Ходар	Ходша
Фекла	Тэця	Тэлька	Таклюся	Тэкля	
	Хвеся	Хвеська	Хвяцісяѕ	Хвекла	
Федора	Ходзька		Тадося	Тадора	
			Хадося	Хадора	
Феодор	Тодзік	Тадук	Тадусь	Тодар	
	Хведзік	Хвядук	Хведась	Хведар	
Феодосій			Хвядось	Хвядос	Хведзь
Фома		Томка	Тумась		Тумаш
	Хомцік	Хомка	Хамцісь	Хама	Хамаш

* Александр або Олелько Валадзіміравіч кн. Капыльскі †1455. Стрыйкоўскі 1885 ч. II. стр. 74. Жаргоннай вымовы гэтага імя, як Ляксандра, ня падаю ў рубрыцы.

† Цікава мяркаваньне Нарбута (Dzieje Nar. Lit. T. III. стр. 479), што імя Вячко „толькі папсаванае, зьменшанае імя Васіль“. У нашых крыніцах знаходзім (кн. Вячко) пад імем Wasskonius і Wasskon г. зн. Васька, зьменшанае ад Васіль „Васілій“. Зраўняй Войшэль, або Волштиник (Lat. Lit. Kron. Rus. 148).

‡ „Я Ивон схимник“... Вит. Стар. Т. V. R. I. стр. 13.

§ ... Павел инако прозываемый Пацько... полацк. мешч. В. Стр. Т. V ч. I стр. 15.

«Крывіч», № 6, сьнежань 1923 г., б. 34–43.

Тэрміналёгія да анатоміі і фізыялёгіі

(*Друкуецца ў парадку дыскусыйным.*)

Кислородъ – кісьлік.
Кислота – кісладзь.
Углекислота – воглякісь.
Углекислый газъ – воглякісісты газ.
Углеводъ – воглявод.
Углеродъ – воглік.
Сыворотка – сыраватка.
Свертываніе – сьцінаньнеся (сьцялася кроў у жылах, яйцо сьцялося, але: малако сьселася).
Малокровіе – недакровіца.
Растворитель – расчыннік.
Растворъ – расчына.
Растворать – расчыняць (соль у вадзе, муку на хлеб).
Столбнякъ – (хвароба: tetanus) сутарга.
Моровое повѣтріе – паморак, мор, маровае паветра.
Жидкость – цекладзь, цякомы, цякоміна.
Пленка – плеўка.
Оболочка – абалонка.
Перепонка – балона.

Язва – *на дрэве* ад прагніўшага сука, ці разшчэпу – шчалуга; на целе – рана; на сьвеце шырыцца паморак, мор, наслань.

Заразный – заразьлівы; так сама як: кусьлівы, дабратлівы, мігатлівы і інш.

Гнойникъ – ропнік.

Гной – глюз, заглюзлыя вочы; ропа.

Кипящая вода – кіпень, кіпячая вада.

Вѣсы – вагі.

Разовѣсы – важкі.

Питаніе – насытнасьць. стравунак (грошы на стравунак).

Питательный – насытны, сытны.

Питать – сыціць.

Предмет – знадбень, аб'ект.

А вы злотнічкі, вы малодчыкі,
А зрабіце мне тры надобейкі:
Перша адобейка – пэрлоў вянец.
Другі надобейка – залаты персьцень.
Трэці надобейка – залаты кубак.
(Вясельная песьня. Ашянск. пав.).
У гаспадарцы пень і то знадбень.

(Прыказка, Чэрык П.).

Пищевой – сыцстраўнічны.

Пищевой балансъ – страўнічны балянс.

Жиръ – (заячій жиръ – скром, птичій – шмэляц, коровій, бараній – лой, свинной – сала, рыбій – тук, человѣчій – клушч). Тлустасьць – полёнізм, – па нашаму – клушч, клусты, клусьцець. Тук – внутренній жиръ для заправы пищи; жировая праправа: „затаўка“.

Жировая ткань – клушчавая тканка.

Жировая клѣтка – клушчавая клетка.

Жирный супъ – клустая поліўка, страва.

Жировое вещество – клушчавая матэрыя.

Прямая кишка – шкалада.

Пищеводъ – стравапраход.

Ротъ – губа.

Ротовая полость – губная падзь.

Испраженія – выспарожыны, выспаражацца, выспарожыўся; кал.

Поносъ – лякса, ляксаваць.

Глотка – глотка, глонаўка.

Гортань – гортаўка.

Тощая кишка – шлунка.

Луночка – лумка, лумінка, ямка.

Пластинка – пластка.

Выводной протокъ – вывадны праток.

Осложненіе – камплікацыя.

Соляная кислота – сольная (хлорная) кісладзь.

Желчный – жоўчны.

Дѣствуетъ – ўплывае або дзеіць.

Всасываніе кишечника – ўсмактываньне кішэчніка.

Сосочек – у расьцін – паяніца; на грудзёх – музік, сойчык.

Ворсинки на кишёчной стѣнкѣ – пыхцікі.

Брыжейка – кавісма.

Брушина – брухавіна.

Пищевые продукты – настраўныя прадукты.

Волна – валва:

> Быстрая рэчанька валвой бьець,
> Матухна Настульку з вянца жджэць.
>
> Нар. песьня.

Селезенка – салозаўка.

Печень – печань.

Почки – ныркі.

Почечный – ырачны.

Моча – моча.

Мочеточникъ – мачацёк, посік.

Мочевой пузырь – мачавы пузыр.

Угорь – (на абліччы) пухір.

Воспаленіе – запаленьне, запальны.

Почечная лоханка – ырковая шуплянка, шуплавіна.

Корковый слой – скарупісты слой.

Петля – пятля.
Отбросы – адкідзьдзя, адпадзьдзя, адпадкі.
Горенiе – горыва, гарэньне.
Сопровождать – справодзіць, праводзіць.
Возстановленiе – адытвораньне, узстаноўленьне.
Горючiй матерiалъ – гаручы матэрьял.
Члѣн (тѣла) – чэляс, чэлясы.
Суставъ – сустаў.
Рычагъ – пры студні, ці сьвірне – асьвер; дом, або камень падважваюць – вагой; вертак пакручваюць да ветру – багляй, зьменяюць ход машыны – касаргой.
Точка приложенiя силы – пункт апору сілы.
Пещера – пячэра.
Прокалить – прапаліць.
Хрупкiй – крохкі.
Швы – сошвы.
Подвижность – рухавасьць.
Связка – повязка, кіткаў; вязанка.
Тазь – лага.
Тазобедренный – лагаклубісты.
Окончанiе нервовъ – канчавіны нэрваў.
Сокращенiе мускуловъ – скорча мускулаў.
Раздражать – (нэрв) раздражняць.
Раздраженiе – раздражненьне.
Обусловливать – абварункоўваць, варункаваць.
Прикосновенiе – дотык.
Чувствующая поверхность – човістая паверхня.
Чувствительная – чоўкая.
Чувство – чоў.
Чувственный – човссны.
Двигательный – паруховы.
Ощущенiе – пачоў.
Островъ – востраў, астравок.
Участокъ – (кожы) – вобмежак.
Борозда – разора, разорысты; служыць у разоры.
Продолговатый – падаўгаваты.
Утолщенiе – патоўшчаньне, стоўсьць, стоўсьцень.

Мозжечек – мажджок.
Четыреххолміе – (въ мозгу) – чатыргорбіца.
Крестообразно – крыжавата.
Скопленіе – зграмаджаньне.
Затылочная – (кость) – патылічная косьць.
Развитой – (мозгъ) – развіты.
Обоняніе – павохнасьць, вохшыць.
Обонятельные нервы – павохныя нэрвы.
Зрительные (нервы, бугры) – зрочныя нэрвы, горбіцы, гурбкі.
Зрѣніе – зрок.
Лицевые нервы – натварныя нэрвы.
Слухъ – слух.
Слуховые нервы – слуховыя нэрвы.
Блуждающіе нервы – блуклівыя нэрвы.
Познаніе – умеласьць.
Удаленіе – (мозга, отбросовъ) – вызняцьце.
Ненормальность – ненармальнасьць.
Поступокъ – паступак, учынак.
Наблюденіе – нагляд, дагляд; датроплівасьць.
Совпаденіе – зыходжаньне.
Мѣха – (въ кузницѣ) – мяхі, паддувалы.
Подражать – патвараць, патворчае мастацтва, патворшчык, потварка (поддѣлка).
Цѣлесообразный – дастамэтны.
Осмысленно – сэнсоўна.
Безсознательно – несьвядома.
Сознательно отношеніе – сьвядомая дачыннасьць.
Зрачокъ – зенка, зрэнка.
Чыхаць – чхаць, порскаць.
Неправильныя движенія – неправядныя рухі.
Манежъ – майдан.
Сознаніе – сьвядомасьць, прытомнасьць.
Воля – воля.
Тупоумный – тупавумны (бо „розум“ роз-ум).
Понятливость – панятлівасьць.
Перерождаться – перэраджацца.

Уединеніе – адзінота, на адзіноце, адзінотна.
Равнодушіе – роўнадушнасьць.
Умственныя занятія – умысловая праца.
Недоразвитіе мозга – недаразьвіцьцё.
Умственная одаренность – умысловая здольнасьць.
Извилины мозга – мазгавыя скруты, вызгібы.
Оступаться – спаткнуцца, спаткнацца, спаткнуўся.
Кровоизліяніе – краваток у мазгі, у брушную падзіну; кровазьліў.
Кровотеченіе – краваток.
Разучиться – адвучыцца.
Засореніе (живота, железъ) – замуленьне жывата, залозы.
Ушибъ (калена) – садно, ссадзіна, ссадануў-ся.
Покраснѣніе – пачырваненьне.
Выдѣлѣнія желез – выдзеліны залозаў.
Возбужденіе – уздойм, уздоймна.
Зрительный нервъ – зрочны нэрв.
Осязаніе – нашчуй, нашчупам нашчупаць; вошчуп, вошчупам, вошчупью.
Края языка – наўскраічы языка.
Противополагать – проціўставіць.
Прохладный – праховісты, прахалодлівы.
Прохлада – пахон, прахалода.
Вкусовыя нервы – смачавыя нэрвы.
Очертаніе – абрыс.
Складки – зборкі.
Раковіна – чарупка.
Чутье – чуцьцё.
Равномѣрно – роўнастайна.
Ряб на водѣ – таласа, талосіцца.
Разрѣженный воздухъ – разрэджанае паветра.
Звучащее тѣло – голсчастае цела.
Высота звука – вышыня голсу, галсчыць.
Звуковое явленіе – галсавая праява.
Вспученцый животъ – ўздуты жывот.
Низкій звук – ніскі голск.

Тембрь голоса – тэмбр голасу.
Сочетаніе звуковъ – созгалас.
Воспроизводить – адтвараць.
Происхожденіе – паходжаньне.
Ушная раковина – вушная чарупа.
Овальная форма – авальная форма.
Насморк – катар.
Прихотливый – прыхоцьлівы.
Преддверіе – наўздверье.
Улитка – смоўж.
Пространство – прастор.
Двояковогнутое – дваякаўкляслае.
Довяковыпуклое – дваякавыпуклае.
Преломляются лучи – праламляюца прамені.
Глазная впадина – вачавая ладзь.
Основная кость – астойная косьць.
Сѣтчатка – сетчатка.
Сосудистая оболочка – начыністая абалонка.
Свѣтовое раздраженіе – сьветлавое падражненьне.
Линять – сьвянуць блекнуць.
Обмѣнь веществъ – абмен матэрый.
Телесность – целавітасьць.
Снабженіе піщей – узасобленьне жыўнасьцю.
Драхлось – друзласьць.
Питомникъ – саднік.
Бодрый – бодры.
Недомоганіе – недамаганьне, няўздольле.
Отправленія организма – функцыі арганізму.
Излишество – сызлішыца.
Извращеніе – вызварат.
Доброкачественный – добраяказлівы.
Остроумный – дасьціпны.
Находчивы – дасьцейны.
Походка – поступ, пахадзь.
Самочувствіе – самапачуцьцё.

«Крывіч», № 1, чэрвень 1923 г., б. 62–65.

Аб значэньні слова „бонда“

Ужо Чэчот („Piosnki wieśniacze z nad Niemna i Dźwiny“ Вільня 1846 г.), зрабіў памылку ў тлумачэньні слова „бонда“, ў слоўнічку даложаным да вышэй названай яго кнігі. За Чэчотам абмылку паўторыў Насовіч; за Насовічам пайшлі іншыя, як, прыкладам, выдаўцы кнігі праф. Янчука „Нарысы па гісторыі беларускае літэратуры. Старадаўны пэрыод“. Менск 1922 г.), дзе слова „бонда“, ў вынасцы, тлумачыцца так: „бочка, кадь (укр. бодня), дзе хаваецца асабістая маемасьць і харчы; часамі значыць, выслужаная ўласнасьць – зямля“.

Тлумачэньне гэтае ўзята з Насовіча, які кажа: Бонда, ы. с. ж. 1) Бочка, кадь. 2) Хлѣбъ печеный. 3) Вь нѣкоторыхъ западных частях Бѣлой Русі: „выслуженная доля земли. Выслуженная бонда“ (Стр. 31).

Слова „бонда“ вельмі пашыранае на ўсім абшары Беларусі і даўно ўжываецца ў беларускай пісьменнасьці. Гэтак, у „Судзебніку Казіміра“, выданым у Вільні В. Кн. Літоўска-Беларускім Казімірам, 29 лютага 2468 году пішацца: „А коли чіи паробки украдуть што у кого... коли первое украдеть, ино его не вѣшати, а заплатити бондою его; а не будеть бонды, ино осподар его за него заплатить, а паробка сказнити[2] и пробити“ (Янчук, Нарысы па гістор. бел. Літ. стр. 49).

[2]Слова казна, казьня ўжывалася ў старой Беларусі ў значэньні „кара“; „Прабіць“ – знача кляйміць прабіцьцем дзіркі на вуху або ноздры.

Гэты тэкст „Судзебніка“ для нашага народу і цяпер саўсім зразумелы, бо і сягоньня яшчэ аплата парабка бывае траякая: а) аплата бондай, б) умоўленай сумай грошы і бондай, в) толькі грашмі, гатоўкай. Трэба думаць, што даўней, пры натуральнай гаспадарцы, аплата працы прадуктамі зямлі была найболей пашыранай формай, цяпер гэта форма сустрачаецца толькі мясцамі, як перажытак. Пры разрахунку з парабкам „бондай“ за яго працу ў гаспадара, робіцца умова аб тым, якую часьць ураджаю атрымае парабак за вядомы пэрыод працы, або якая часьць зямлі будзе дадзена парабку на яго долю. Парабак дае толькі сваю асабістую працу, гаспадар дае зямлю, інвэнтар, харчы і насеньне. У меншых гаспадарках – на адну, дзьве, тры сахі – найчасьцей, парабак вытарговывае, як „бонду“ сабе часьць ад агульнага ураджаю, часам нават, пры умове на – 2–3 гады, ў парабкаву „бонду“ ідзе часьць і прыплоду ад скаціны. Гэта форма аплаты наёмнай працы ў народзе вядома пад названьнем „служыць з бонды“.

Другая форма – аплата парабка, грашмі і бондай, да нідаўна яшчэ была вельмі пашыранай, а ў малых гаспадарках практыкуецца і цяпер. Мае яна галоўным чынам на мэце „шчырасьць“ у працы „старэннасьць“ і „прыхільнасьць“ увайшоўшага ў сямью чаляднiка. Калі гэта парабак, то яму, акром пэнсыі гаспадар за „старэннасьць“ абяцае даць „бонду“ бульбай або збожжам; калі нанімаецца дзеўка, то ей даецца „бонда“ зазвычай лёнам „на кашулі“, калі пастух, то яму як „бонда“ паступае парасё ці ягнё. У гэтым здарэньні „бонда“ зьяўляецца добравольным наддаткам да пэнсыі найміту, для заахвоты яго „да шчырай працы.“

У селянскіх семьях, асабліва вялікіх семьях, дзе жывуць разам, на непадзеленай гаспадарцы жанатыя браты, кожды працаздольны семьянін мае сваю „бонду“ ў агульнай гаспадарцы. Падрастаючым дзяўчатам засяваюць гарнец, другі лёну „на палотны“, акром таго даюць ў „бонду“ цялушку, парасёнка. У прыпадку выхаду замуж „бонда“ дзяўчыны зьяўляецца яе пасагам, ею самой запрацаваным. Падрастаючым хлапцом даюць у „бонду“ гадаваць жарабёнка, а ўзросламу „дзяцюку“ даюць мерку, другую збожжа на яго безкантрольныя выдаткі. Пры падзеле братоў, „бонда“ падзелу не падлягае.

Пры пячэньні хлеба, з паскорбкаў дзяжы, гаспадыня лепіць маленечкую булачку, якая завецца „бондачка“ г. зн. піражок, які традыцыйна пячэцца на долю пастуха выходзячага ў поле – „пастуская бондачка“, „каб лепш пасьвіў“.

У гаспадарках, дзе практыкуецца хатняе рэмясло, напр. бондарства, ці выраб лыжак, найміт, за падмогу ў гэтай рабоце, дастье „бонду“ вырабамі, паводле яго „працавітасьці“ незалежна ад пэнсыі.

„Бондай“ кождага семьяніна, ў нашых селян, зьяўляецца яго адзежа, часам рамесьленны інструмант, Слова „бонда“ гэткім чынам тасуецца да ўсякіх рэчэй і прадуктаў, абазначаючы іх выключнасьць з агульна-сямейнай ўласнасьці.

У часе гэтай вайны нашы селяне, разумеючы саму істоту слова, ўжывалі, саўсім правільна слова „бонда“ замест, нічога іх сэрцу і розуму негаворачага, расійскага – „паёк“. Атрымала бондачку; выдалі бондачку і г. п. (Барысаўскі павет, а такжа каля Оршы).

Што датыча слова „бодня“, то яно у нас мае больш разьвітыя формы чым у Украінцаў, у якіх маецца толька адна форма для абазначаньня вялікага бондарскага начыньня. Мне здаецца, што больш правільна „боднар“ чым „бондар“. Бо „бадніна“ агульнае называньне начыньня боднарскай работы, „баднаўё“, зборнарнае названьне боднарскіх вырабаў.

«Крывіч», № 3, жнівень 1923 г., б. 51–52.

Маскоўскія паслы 1646 г. як абаронцы беларускай мовы

Пры перэгаворах паміж польскімі і маскоўскімі пасламі ў 1646 гаду выніклі недаразуменьні па поваду мовы ў дыплёматычных зносінах, паміж Рэчыпаспалітай Польскай і Масковіяй. Польскія паслы напісалі дакумант польскай мовай, на гэта маскоўскія паслы запротэставалі кажучы: „Издавна повелось, что грамоты королевскія къ великому государю пишутся бѣлорускимъ писмомъ, и теперь, мимо прежних обычаевъ, по польскі писать не годится; да у порубежныхъ воеводъ и переводчиковъ нѣт“ (здавён устаноўлена, што лісты каралеўскія да вялікага гаспадара пішуцца беларускім пісьмом, і цяпер, супроць папярэдніх обычаяў, па польску пісаць ня гожа ды ў пагранічных ваеводаў і перакладчыкаў німа). І мова беларуская на далей асталася мовай дыплёматычных зносін паміж Польскім каралеўствам і Маскоўскім царствам да канца XVII ст. (Соловьевъ, Ист. Россіи X. 136).

«Крывіч», № 4, верасень–кастрычнік 1923 г., б. 48.

Касапля і насапля

Есьць рака ўплываючая ў Дзьвіну, каля Суража, якая пішацца – Каспля. Географы і гісторыкі нязнаючыя беларускай мовы, звыклі найменьне гэтай ракі прыймаць за неславянскае і падаваць яго як довад таго, што на вярхох Дзьвіны славяне выціснуўшы фінскія плямёны, паселіліся ў іх краю і ўтрымалі нават чужыя найменьні рэк. Тым часам гэта думка утварылася на грунце самай грубай памылкі з пісаўшых і перапісываючых дагэтуль гэтае найменьне. Народ не называе раку „Каспля“, а „Касапля“ (акром тых, якія гавораць „граматна“). Слова-ж касапля, азначае крывое (косае) дрэва. Прыкладам, сані будуюць на палазох, але падсанкі (меншыя, карацейшыя сані ўжываны да падстаўкі, пры перавозе доўгіх бэляк) маюць ужо не палазы, а шмат меней ад палазоў выгнутыя – касаплі. Кождае выкрыўленае вядомым загібам, дрэва, называецца касапліна. Гэтак сама народ не называе другога доплыву Дзьвіны, Обша, а Вобжа (з шапелявым ж). Вобжамі-ж называюць так-жа аглоблі пры сасе. Раку Уллу называюць Уллой і Вулой, а гэта ня што іншае, як тое-ж самае беларускае слова, вуліца, вулка, чым яна запраўды да цяпер служыць, працякаючы па балотнай мясцовасьці.

«Крывіч», № 5, лістапад 1923 г., б. 50, 52.

Пакута

Слова пакута паходзіць ад слова „кут“. У старасьвецкай Беларусі амаль ня пры кождай церкве ў „бабінцы“ прытворы былі прыкаваны ў кутох да сьцяны жалезныя ланцугі, ў якія замыкалі яўных грэшнікаў. Гэткія ланцугі ў царквох істнавалі яшчэ ў канцы XVIII сталецьця і наводзілі страх на просты народ. Пры многіх старасьвецкіх манастырох, замест ланцугоў у бабінцы, былі скляпы пад званніцамі, куды запіралі каючыхся, або яўных грэшнікаў (Носовіч. Словарь).

«Крывіч», № 6, сьнежань 1923 г., б. 51.

Палчанін, палачанін

У аколіцах мястэчка Старыя Крыжы (Вяліжск. пав.) дружкаў маладога і маладой называюць „палачанамі“ і „палачанкамі“ (мабыць даўней палчанамі і палчанкамі), так сама як у іншых мясцох Беларусі называюць „дружынай“ і „дружкамі“. Першае і другое найменьне выражаюць паняцьце арганізаванай вайсковай адзінкі. Малады, маладзён (князь) прыбывае, ў дом маладой (княгіні) акружаны сваім войскам – „палком“, „дружынай“, звычай гэты ёсьць вотклік тых часаў, калі жон „умыкалі“, або дабывалі сілай. Гэта „пазваляе“ зрабіць дапушчэньне, што і найменьне стара Крыўскай сталіцы, Полацак (даўней – Полтеск, Полътск) знаходзіцца ў зьвязку са словам „полк“ (стар. полък) знача: войска, вайна, бітва, вайсковы стан, а магчыма крэпасьць. (Зраўняй: „Опыт областного Великорусского словаря“, Выд. Акад. Наук СПБ. 1852 г., дзе маецца запісь з Тверскай губэрні „полкъ“, „полчане“ ў значэньні вясельнай дружыны). Праф. Карскі паказуе у Тверскай губ. даволі значны лік беларусаў.

«Крывіч», № 6, сьнежань 1923 г., б. 50.

Матэрьялы да беларускага зельніка

Ніжэйпададзены слоўнічак сабраны між 1911 і 1914 годам, часьцю ў Лепэльшчыне і Дзісеншчыне, а часьцю ў Пружанскім павеце (аколіцы Шэрашэва і Селец). Праверны і дапоўнены паводле: а) M. Federowski, „Lud białoruski na Rusi Litewskiej“ T. I (Krakow 1897) і б) Носовіч „Словарь белорусского наречия“ (СПБ. 1870). Ня мог я дастаць, з вядомай мне літэратуры, Эўстахага Тышкевіча „Opisanie Powiata Borysowskiego“ і стацьці Э. Ожэшковай „Ludzie I kwiaty“ друкаванай у „Wisle“. З апошніх двох прац у першай маецца некалькі дзесяткаў найменьняў беларускіх расьцін сабраных у Барысаўшчыне каля 1820-х гадоў; у другой – найменьня беларускіх расьцін запісаныя ў Горадзеншчыне з 1890-х гадох.

Трэба заўважыць, што чыста беларускія назовы расьцін, у апошнія два дзесяцілецьця хутка пачалі народам забывацца, пад ўплывам чужой кніжнасьці, дзеля гэтага даўнейшыя запісы заслугоўваюць на большую веру. Прыгэтым, часта бывае што назовы ў розных мяйсцох не зыходзяцца і крыжуюцца; прыкл.: каля Кубліч мне назвалі Дурэц (Andromeda polifolium) Блёкатам (Hyostiomus niger), а ў Хралове (Дзіс. пав.) Шалеямі (Cicuta virosa). Гэткія назовы прыходзілася устанаўляць шляхам сыстэматычных допытаў, прычым прыходзілася карыстацца перапіскай, ў якой за некалькі гадоў, таксама, сабралася багата цэннага матэрьялу да беларускай батанічнай тэрмінолёгіі, які я думаю, ў адным з чародных нумэроў „Крывіча", апублікаваць, як ужо усыстэматызаваны. Займаўся я справай зьбіраньня матэрьялаў да беларускага зельніка, не як спэцыяліст, а я аматар, між іншай сваей працай, дык калі ўкраліся якія памылкі, прашу сьвядомых гэтай справы, ласкава паправіць і не марокаваць лішне, што ня выпаўніў ўзятай на сябе працы згодна вымогам навейшых дасьціжэньняў прыродазнаўства.

Acer tataricum	Чорнаклен
Acer pseudoplatus	Явар
Acer platanoides	Клён востралісты
Acer campestre	Клянец
Aconitum	Барунка
Aconitum lycoctonum	Мышабой
Aconitum napellus	Барчак
Acorus calamus	Аір, аер, авір
Adonis vernalis	Чараквет
Aegopodium podagraria	Сьнітка
Agaricus deliciosus	Рыжык, рыжок
Agrostema Githago	Тугаль, кукаль
Ajuga reptans	Казакі
Alchemilla vulgaris	Гусіныя лапкі
Alisma Plantago	Шаленец
Allium Cepa	Цыбуля
Allium oleraceum	Часнык палявы
Allium satuvum	Часнык гародны
Alnus glutinosa	Альшына чорная
Althea rosea	Мальва
Althea officinalis	Сьляз гародны
Amamta muscaria	Мухамор
Amaranthus blitum	Зельбор, зельборнік
Anagallis pheonicea	Дзарабейніца
Andromeda polifolia	Дурэц
Andromeda calyculata	Пьянец, дурнапьян
Anemone silvestris	Дуброўка
Anemona nemorosa	Пралескі, пралесачкі

Angelica silvestris	Дзягіль
Anthericum Liliago	Вяночнік
Anthyllis vulneraria	Пералётнік жоўты
Arisarium	Клясьцец
Aristolochia longa	Какарнак
Armeria vulgaris	Барадульнік
Arnica montana	Арнік, гарнік, купальнік
Artemisia Abrotanum	Божадрэўка
Artemisia Absinthium	Палын
Artemisia vulgaris	Чарнобыль, чарнобыльнік, быльнік
Asarum europaeum	Капытнік
Asplenium Filix femina	Папарацень, папаратнік
Astragalus glycyphyllus	Паўзун лесавы
Atropa Belladonna	Красаўка
Avena sativa	Авёс, гавёс
Azalea pontica	Азалія, палоткі
Berberis vulgaris	Кісьлец, кісьлянка
Beta Cicla	Бацьвіньне
Betula alba	Бяроза
Boletus edulis	Шчыры, праўдзівы грыб, баравік
Botrichium lunaria	Ужавое зельле
Brassica oleracea	Капуста
Brassica Rapa	Рэпа
Briza media	Балотная мятліца
Bromus secalinus	Кастрэц
Brunella vulgaris	Чарнагубка
Bryona alba	Пераступ, пераступнік
Bulbocodium ruthenicum	Бурандульнік, варыўнік
Bupleurum aureum	Зайча капуста, валодаўнік
Calamintha cenopodium	Тымянкі
Calamintha acinos	Парушэнец
Calendula officinalis	Нагаткі
Calluna vulgaris	Верас, вераст
Calystegia sepium	Павітуха
Cannabis sativa	Каноплі
Capsella Bursa Pastoris	Чарвец, чарвічнік
Carduus acanthoides	Чортапалох
Carduus crispus	Асот
Carduus benedictus	Дзедзіль, дзядзюх

Carduus palustris	Дзядоўнік
Carpinus Betulus	Граб
Carthamus tinctorius	Крокас, ламотніца
Centaurea Cyanus	Валошка, васількі
Chrysosplenium alternifolium	Мянюшкі
Cicuta viros	Шалей
Cichorium intybus	Мачаўнік
Cinnamomum zeylancium	Цынамон
Clematis intergrifolia	Апавойнік
Clinapodium vulgare	Крэсельцы
Cochleria Armoracia	Хрэн
Convallaria majalis	Канвалія, краспак
Cornus sangvinea	Сьвідніца
Coronilla varia	Паўзун палявы
Crocus	Шафран
Cucumis satvius	Гурок, агурок
Cucurbita Pepo	Гарбуз
Cynara Scolimus	Карштук
Cyana cordunculus	Качах
Daphne Mezereum	Воўча лыка, ваўчынец
Datura Stramonium	Бялун, дурэц, дурнапьян, чортаў агурэчнік
Daucus Carota	Морква
Delphinium	Жывакост
Delphinium Consolida	Казелчыкі, казялкі
Dianthus deltoides	Сардэчнік
Drosera rotundifolia	Загардушка
Eqvisetum arvense	Скрып
Eqvisetum hyemale	Вехатнік
Eqvisetum limasum	Яленец, ёльнік
Eqvisetum sylvaticum	Зялезьнік
Eqvisetum pratens	Арэшнік сьвінны
Erica vulgaris	Верас
Erigeron acer	Дольнік
Euphorbia helioscopia	Малачай, месячнік
Euphrasia officinalis	Пельнік
Evonium	Брусьлён
Farsetia incana	Грымотнік
Festuca	Асьцюк
Filago arvensis	Касмотка, чарвяточнік

Fragaria vesca	Паземкі, чырвоныя ягады, суніцы
Fraxinus excelsior	Ясень
Galium Mollugo	Урочнік белы
Galium verum	Урочнік жоўты
Genista tinctoria	Прытуліца, жоўтазёл, жаўцічнік
Geum rivale	Смаляркі
Glechoma hederacea	Разходнік
Gnaphaliim dioicum	Сухотнік
Gnaphaliim uliginosum	Аплавічнік
Goodyera repens	Культанка
Grataegus melanocarpa	Галабоднік, глот
Grataegus oxyacantha	Галабень
Hedera Helix	Блюшч
Helleborus niger	Чамярычнік, чамернік, чэмер
Heracleum spondylium (Sibiricum)	Бядрыца, боршчаўка
Hernaria glabra	Пяшчанка, заячнік
Hieracium Pilosella	Ястрэц
Hierochloa borealis	Зуброўка
Hordeum vulgare	Ячмень
Humulus lupulus	Хмель
Hyacinthus	Гіяцынт, лабатнік, лабаток
Hypericum perforatum	Сьвятаянскае зельле, сьвятаянкі, расанкі
Hyoscyamus niger	Блёкат
Hyssopus officinalis	Крузбень, красьвень, красьвяк
Iasione montana	Начнік, начніца, начаквет
Impatiens	Бальзамінка
Imula Helenium	Дзевасіл, дзевасільнік
Iris	Касачы
Iris Pseudacorus	Касатнік
Juniperus communis	Ялавец, яленец
Juniperus Sabina	Ялавечнік
Knaucia arvensis	Раннік, гаец, гойнік, паўночнік
Lappa tomentosa	Лапушнік, лапух
Ledum palusta	Багун, багульнік
Leonurus Cardiaca	Глухая крапіва, шанта
Levisticum officinale	Любчык, любіста, сардэчнік, ладук

Lichen	Ліпаўнік
Lillium candidum	Лілея
Lillium Martag	Лілея палявая
Linaria vulgaris	Блашчынец, лянок
Lolium tremulentum	Галавіца
Lonicera Xylosteum	Бружэліца, сухадрэўка
Lotus corniculatus	Руцьцвіца, трызаўка
Lychnis dioika	Панчошнік
Lycopodium claratum	Дзераза
Lycoperdon	Порхаўка, бзьдзюшка
Lynosyris villosa	Груднічнік
Lysimachia Numularia	Самазялённік, зімазялён
Lytrum salicaria	Сьлёзьнік
Malva Alcea	Сьляз
Malva crispa	Гардавіца
Malva rotundifolia	Шалезькі
Matricaria Chamomilla	Румянка
Medicago falcata	Баркун
Melitolus alba	Сьвінуха
Melitolus officinalis	Малясьнік
Melitolus sativa	Стрыбальнік, вязельнік
Melittis Melissophyllum	Уплаўнік
Mentha arvensis	Мята, шанта
Mentha srispa	Мята бахматая
Mentha silvestris	Мята перная
Menyanthes trifoliata	Бабок
Narcissus	Нарцыз, прымак
Nepeta Cataria	Маліца
Nicotiana rustica	Тутун
Nymphea alba	Лілея вадзяная, латуцень белы
Ocium Basilicum	Васілька лугавая
Oenothera biennis	Дзіваннік дзікі
Ophioglossum	Вужава зельля
Orchis latifolia	Язвежнік
Origanum Majorana	Майран
Origanum vulgare	Мацярдушка, душанка
Ornithogalum	Вярбельнік
Oxalis	Кісьлятніца
Paraver somniferum	Мак праўдзівы
Paraver officinalis	Мак-самасей, відук
Peducalaris palustris	Прорва, гніднік

Petroselinum sativum	Пятрушка
Phaseolum vulgaris	Пасоля, хвасоля, жыдоўскі боб, касьляч
Pimpinella Saxifraga	Ядранец
Pimpinella Anisum	Ганыж, аныж
Pinus silvestris	Хваіна, хвоя
Pirola secunda	Станоўнік бабскі, сісінец
Plantago	Трыпутнік
Plantago lanceolata	Міжыперсьніца
Plantago major	Міжыперсьніца гладкая
Plantago media	Шпарнік, шпарніца
Platantera bifolia	Чараўнік, прычар
Polygonum Bistorta	Вобарацень, кастацец
Polygonum Persicaria	Драсён чырвоны
Populus nigra	Топаль
Populus alba	Ясакар
Populus tremula	Асіна
Potentilla Tormentilla	Дзеравянка
Prunella	Чарлянка, чорнагалоўка
Primula veris	Грабелькі
Primula officinalis	Ключыкі
Prunus avium	Чарэшня
Prunus padus	Чаромуха, чаромха, калакуша
Prunus spinosa	Шыпшына, жасьцер
Pulsatilla patens	Друмель
Pulsatilla pratensis	Дрымотнік
Quercus	Дуб
Ranunculus	Курасьлеп
Ranunculus aeris	Жарквет
Ranunculus arvensis	Курасьлепнік, курынец
Ranunculus Fcaria	Чыстацел
Ranunculus Fammula	Прышчынец, прышчаўнік
Ranunculus repens	Жаўтушнік
Ranunculus scelaratus	Нарыўнік
Rhamnus catharlica	Крушына
Rosa	Рожа, русальніца, русакрасьвіца
Rubus edesius	Ажына
Rubus fruticosus	Маліна
Rumeks Acetosa	Шчавей, шчаўе
Rumeks Aecetosella	Шчаўлюк

Rumeks Hydrolapatum	Конскі шчавей
Rumeks obtusifolius	Карнач
Ruta graveolens	Рута
Salvia officinalis	Шалвей, дужэц
Sambucus Ebulus	Бэз
Sambucus nigra	Бэз чорны
Satureja hortensis	Чалібор
Scabiosa	Верадінік, перапелячнік
Scilla bifolia	Пралескі
Silvia dunetorum	Жаўрэц
Secale cornutum	Вароня вока, клышы, клышоўнік, спарынец
Secale cereale	Жыта
Secale cer. ver. multicaule	Ярыца
Sedum acre	Адцытнік, сытнік
Sedum Telephium	Залозьнік
Sempervivum	Скочка, гартанка
Senacio vernalis	Нятупнік, нічавей
Senacio Jacobea	Гойнік, сухотнік
Silene inflata	Лусьнец, лускаўка, калетнік
Solanum Dulcamara	Глісьнік, залознік
Solanum tuberosum	Бульба
Solidago Viraurea	Уплаўнік
Sorbus Aucuparia	Рабіна, гарабіна
Spirea	Спырнік
Statica	Жудрэц
Stellaria media	Макрэц, макрыца белая
Svertia obsuta	Гарчанка
Symphytum officinale	Жывакост
Syringa	Бэз
Tanacetum vulgare	Піжма
Tanacetum Balsamite	Калуфар
Taraxacum officinale	Багатка
Thalictrum augustifolium	Руцьвянка
Thalictrum flanum	Вярэдаўнік
Thalictrum majus	Падучнік
Thymus serpyllum	Чабор, чабрэц
Tilia	Ліпа
Trifolium montanum	Дзяцеліна
Trifolium arvense	Мядуніца, мядунка
Trifolium agrarium	Мядзеліна

Trollius curopeus	Купальніца
Tulipa sylvestris	Гардук
Tussilago Farfara	Падбел
Urtica dioica	Крапіва
Valeriana officinalis	Аўрыян, валерьян
Verbascum	Каўтычнік, дзявана
Veronica Baccabunga	Бабоўнік, казарост
Veronica officinalis	Сухотнік лесавы
Viburnum Opulus	Каліна
Vicia	Боб
Vicia pisiformis	Гарошак, гарошнік
Vinca minor	Барвінец, барвінак
Viola canina	Уразьнік, парушэнец
Viola tricolor	Браткі, брат з сястрою
Vitis hederacea	Блюшч
Zea mais	Кукуруза, какорыца

«Крывіч», № 4, верасень–кастрычнік 1923 г., б. 40–44.

Слова „друя“

Слова „друя“, азначае другая. Ральлю узорываюць, пазьней пераворываюць другі раз, або „друяць“, а часам і „траяць“. Карову, авечку (а бывае гаворацъ і аб жанчыне) якая дала першы прыплод, называюць „пярвічка“, а якая дала другі прыплод – „друвічка“. Слова гэтае сустракаецца і ў народных песьнях, прыкладам у Крачкоўскага („Быт Зап. Русск. селянина“ Масква 1874 г.), ёсьць запісана вясельная песьня, пры мяшэньні караваю, ў якой маецца гэткае месца (стр. 41): „Сорак коп маладых курэй яец, тры фаскі дравічных (зам. друвічных) кароў масла“...

«Крывіч», № 5, лістапад 1923 г., б. 53.

Ярасьць і юрнасьць

Паводле тлумачаньня Афанасьева („Поэтическія воззрѣнія славян на природу „Масква““ 1865 т. I. стр. 441) слова Ярасьць азначае гнеў і похаць, ярун пахотлівы, паяры прыстаронны да чаго колечы („ён паяры да выпіўкі да жанок“) ярыцца пачуваць похаць, сэрбскае јарич, любоўны пал, але такжа жар ад печы. У нашай мове слова ярасьць разпалася на дзьве формы: ярасьць і юрнасьць. Першае – ярасьць, утрымала паняцьце буйнасьці, палкасьці, жарчыстасьці, гарачнасьці гранічачай з пахотлівасьцю, другое – юрнасьць, затрымала пры сабе выключна значэньне пахотлівасьці. „Хоць стары, але яры“ аб чалавеку старым, але яшчэ сільным і палкім. Ярыцца, знача жарыцца, гарыць, кіпіць. Пераяраны, перагарэўшы, перапылаўшы, перакіпеўшы. Ярун, яруха, ярны, у тым-жа значэньні што і яры, але з адценкам намякаючым на пахотлівасьць, Юрны, знача пахотлівы, Юрыцца, дурэць, бушаваць: „Бычкі Юраць“. „Юр бабу бярэ“, „На цябе юр напаў“ (прыклады з Насовіча 725 стр.). Выходзячы з вышэйсказанага нашае слова Ярасьць будзе азначаць тое-ж самае, што лац. „Pasia“, ням. „Leidenschaaftlichkeit“, рас. „страсть“, польск. „namiętność“. Юрнасьць-жа тое што рас. – „похотливость“.

«Крывіч», № 6, сьнежань 1923 г., б. 50–51.

Эпітэты

З кнігі: Довнар-Запольскій „Пѣсни Пинчуковъ", Кіевъ, 1895 (стр. 200).

Біты шлях; біты гасьцінец.

Буен буйны, буйнюсенькі вецер.

Быстра рэчка, рэчанька, вада, птаха, страла, думка.

Белае ліцо, лічанька, цела; белы ручанькі, рукі, ногі, ножанькі, сьвет, дзень, абрусы, плечы, палотны; бела галованька, кашуля, кашуленька бельбялёвая; бела пасьцель, бела пухова пасьцель, бяроза белбелява бярозанька; бела лябёдка, сокал бяленькі, сьняжок.

Відная чаша, яблачка; відна ночанька.

Віннае яблачка.

Вішнёвы сад, садочак, вішнёвы бел квет.

Вараны вараненькі конь, вараное стада.

Высока гара, магіла, рабіна, высока, тонка бяроза; тонка высока, лістам шырока рабіна.

Верны дружок, таварыш, конь, дружына, слугі верны, вярнюсенькі.

Глубокі Дунай, дол; глыбока-шырока рэчка.

Гнуткая ляшчына.

Гарача кроў, любоў, гарачы сьлёзанькі пякучыя.

Горкі сьлёзы, горкае жыцьцё, горькая няпраўда.

Гостра каса, шабя, сякера, сякерка; гостры жаль.

Густыя лозанькі; лаза; сачыванька; чарот; густы-часты грабяшок.
Дробны сьлёзы, сьлёзанькі; дожджык; лісты (пісьмы).
Дзіўны каравай, двор.
Жаласныя песьні.
Жаркая крапіўка; каліна.
Жоўты валасы, кудры; пясочак: ямка; цьвет.
Зялезны мост.
Зялёнае зеляненькае віно; вяночак; зялёна грушка; дубок зелянюсенькі: зялёна дуброва, зеляненька дуброванька; ель; жыта; зеляненька канапелька; зялёны кусточак; зеляненькі лён і зялёны луг, лужок; мак; авёс; рута; сад; хвойнічак; ябланька; явар.
Залаты ножак; персьцень; падкова; капытцы; рамкі; скрыня, сёдлы; такі, крэслы.
Калінавы мост, калінаў цьвет.
Калючая грушка, шыпшына.
Красна дзеванька, дзеўка, панна; сарочка.
Крынічная вада, вадзіца.
Ліхі вораг.
Маладая дзеванька; малада чорнаброва дзяўчына; малады паніч; молад маладзенькі казак, хлопец, жанішок.
Марозьлівая зіма.
Нашываны рукавец.
Новенька шапка, новае люстэрка; вядзерка; саха; камора; клець; новы дамочак; стайня; ганачак; вароты; двор; места; цэркаўка; карабельчык, вулькі (вульлі).
Палавыя палавенькі валы.
Пухова падушка; пасьцель бела пухова.
Раба зязюля, зязюленька; вутанька.
Роўненькі лён.
Родная маці; родны бацюхна; брат.
Руса каса.
Рыж пясочак, вутаўка.
Сьветлыя вочы.
Слаўны гаспадар; казача.
Салодкая гарэлка; салодкі, саладзенькі мёд, мядочак.

Срэбныя ключы; срэбна талерачка.

Сухая лаза; чарот.

Сівы валы, сівы конь, конік; голуб, галубок; галубка; сівенькі селязень; сівы собаль; сокал; сівакрыл салавейка.

Сіне мора, возера.

Стары старычок.

Сырая зямля.

Тонкая кітаечка; тонкі кужаль, абрусы; бела, тонка, палатно; тонка прасьціradла; кітаечка; кужаль; рукавец; белы, тонкі кашулі; шырынка; хустанька; тоненькі хвартушок; бяленькіе, як папера раўненькія, падаркі; бела тонка высока бяроза; тонка, высока бяроза; рабінка тонка; такжа – таполя, – сосна.

Часты-густы грабяшок; гвёздачкі.

Чырвона сукно; нагруднічак, кітайка; каліна; рожа.

Чысьценька вада, вадзіца; чыста поле.

Чорны бровы; чорнаброванька; вочы, вочкі; чоран-чарнюсенькі воран; куна; саболь.

Цёмна ночка; цёмны, цямнюсенькі лес; цёмна хмара.

Цісовая клець вароцечкі; стол.

Шэры вочы.

Шырокі ліст; дубочак шырокі лісточак, шырока вуліца; даліна.

Шаўковы трапкач; касьнічок; радзюжка; шырынка; сьвіта шоўкам шыта; кашуля; нашывана шоўкам хуста: трава, травіца; сеці.

Шчыры бор; серабро, срэбра.

Ясны зоры; месяц: сонца; сьвечка; ясны вочы.

Ярскія пташкі.

Яры воск, авёс.

«Крывіч», № 1 (7), студзень–сакавік 1924 г., б. 91–92.

Слова „пугаўка“

У заходняй часьці Дзісенскага павету (Каля Шаркаўшчыны, Друі) балотных п’явак называюць „пугаўкамі“, мн. лік: „пугаўкі“, адзівочны лік: „пугаўка“. У Слонімскім павеце названьне балотнай п’яўкі „пугаўка“ ужо занікла, але захавалася ў выводных, прыкл.: „напугаўся квасу, вады“, зн. напіўся ўволю, безперапынку.

«Крывіч», № 2 (8), красавік–сьнежань 1924 г., б. 108.

Крыўскі (беларускі) старадаўны лістоўны стыль

Стара-крыўская пісьменнасьць дагэтуль мала дасьледавана, хоць яна жыве яшчэ у сотнях тысяч дакумантаў, лістоў і інш., якіх найболей дайшло да нас з XVI і XVII ст. ст. Асабліва зьвяртае на сябе увагу сваім стылям прыватная перапіска, ў якой ня толькі адбіваецца быт і асьвета людзей, але такжа рысуюцца іх ўзаемаадносіны.

З пачкі маючыхся у мяне пад рукой старасьвецкіх дакумантаў падаю ніжэй некалькі выпісак старадаўнага нашага лістоўнага стылю.

Пачатак ліста пісанага ў 1540 годзе.

> „Пане милы лесничы здоровья и всего доброго от пана Бога верне вашей милости зычу яко собе самому“.

Далей, з новай лініі, пасьля прыстойнага одступу, ідзе ліст.

Закончаны ліст гэткай звароткай:

> „Затым ся зычливой прыязьни твоей поручаю. Станислав Андреевич Довойно, староста кобранский шовленский мерецкий“.

Да Радзівіла Чорнага піша ў 1562 годзе земянін гаспадарскі Здановіч гэтак:

> „Мне вельце милостивому пану а пану на олице и несвижу княжати, воеводе виленскому маршалку земскому, канцлеру великого князства литовского старосте берестейскому и кобринскому его милости Миколаю Радивилу".

Закончаны гэты ліст так:

> „Вашей милости верне зычливы земянин господарски Остафей Здановичъ".

У XVII стагодзьдзі лістоўны стыль набірае штучную завіласьць. Для прыкладу возьмем ліст Юрыя Міхановіча, пісаны ў 1672 годзе да Васіля Хронстовіча:

> „Мне вельце милостивы а ласкавы пане, пане Василю Хронстовичу, здоровья и помысности от Бога верне вашей милости зычу яко собе самому".

Пасьля заместу ліста.

> „Затым ся я ласце твоей поручаю, негодны слуга слуг Вашых Юрый Михановичъ".

Цікавую пробку тытулаваньня, паміж блізкімі сваякамі, дае ліст Анны Ляўданскай (Раўвічанкі) пісаны да яе роднага брата Раўвіча ў 1753 годзе. Пачатак ліста:

> „Мне вельце милостивы Пане и любы брате".

Заканчаецца ліст:

> „Вашей милости пана зычливая сестра и покорная слуга Анна Ляўданская".

Ліст Корыбута-Дашкевича з 1660 году да братавай Марыны (Абухавічанкі) гэтак тытулаваны:

> „Мне вельце милостивая и шанобливости годная братовая, здоровья и радости зычу“.

Закончаны ліст:

> „Вашей милости, братанец и до послуг готовы пахолок Дмитрей Корибут-Дашкевич, судья земски“.

«Крывіч», № 2 (8), красавік–сьнежань 1924 г., б. 106–107.

„Прага“, „прога“

Калі гародзяць плот, то пакідаюць „прагаліну“, якую пазьней закладаюць жэрдзямі. Гэткая прагаліна ў плоце, заложаная жэрдзямі, называецца, „прага“ мяйсцамі „прога“. Яна круглы год стаіць загароджанай і мала выдзяляецца. Калі ў такую прагаліну ўстаўляюць вароты, то тады ўжо яна прыймае другую назову. (Дзіс. пав. в. Пагост, Краснае і каля Шаркаўшчыны). У мястэчках каля гэтых ваколіц „прогай“, называюць прыбрамак (калітка). Мне здаецца, што словы „прага“, „прога“, выводзяцца ад „гал“, „прагал“, што знача паміж нечым пустое мейсца, прарэха, „просвѣт“.

«Крывіч», № 2 (8), красавік–сьнежань 1924 г., б. 107.

Калі беларуска-крыўскае слова „разьдзел“ уведзена ў польскую мову?

Асабліва многа нашых слоў ўнясьлі ў польскую літэратурную мову т. зв. „рожнаверцы“ ў XVI ст. Галоўнымі с-паміж іх былі: Будны, браты Кавечынскія з Несьвіжа, Аляксей Родэцкі з Ракава, Чэховіч і іншыя. Усе гэты пісьменьнікі працавалі, пісалі і друкавалі свае кнігі, на Беларусі, абаруч чэрпаючы ў нас лексычны матэрыял, як з літэратурнай так і з жывой народнай мовы. Сам Будны ў прадмове да перакладзенай ім з грэцкай і гэбрайскай мовы, кальвінскай Біблii (надрукаванай у Несьвіжы ў 1572 г.) кажа: „Polacy pospolicie onej krainy mowy używają w pisaniu, z której kto rodem. Głupstwo to jest mową jednej krainy gardzić, a drugiej słówka pod niebiosa wynosić. (Палякі зазвычай ў пісаньні ўжываюць мовы тэй краіны, скуль хто родам. Неразумна гэта каб мовай аднэй краіны пагарджаць, а слоўцы другой падымаць пад неба). Ў мысль гэтага свайго погляду, ён першы ўводзіць у сваей Біблii „з руска“ слова Rożdźiał, замест заўсёды да яго ўжыванага ў польшчыне, лацінскага слова Kapitula. I, наагул, чытаючы Біблію Буднага відаць як ён умела правіць польшчыну, сваіх папярэднікаў, нашай мовай.

«Крывіч», № 1 (7), студзень–сакавік 1924 г., б. 96.

Кузулька

Была спроба зам. рас. слова „насѣкомое“, ўвясьці ў беларускую мову тэрмін кузулька („Закон паміж жывёлаў і расьцін“, пер. з рас. Г. Казячага). Спроба няўдатная, бо аўтор не задаў сабе працы спраўдзіць значэньне гэтага тэрміну ў беларускай мове. „Кузулькамі“ ў горадзеншчыне і меншчыне, паводле прац Яна Ваньковіча (меншчына) і Людвіка Обушынскага (Белавежская Пушча) гл. „Pamiętnik Fizjograficzny“ называюць сямью жукоў cerambycidae.

Гэта даволі значнага ўзросту жукі; з гэтай сямы ў нашым краю здараюцца найдаўжэйшыя і найшырэйшыя жукі с паміж усіх сустрачаючыхся цьвёрдахрылых (Coleoptera). Сямья кузуляк наагул вельмі чысьленная і багата рознымі адменамі як што да ўзросту так і масьці. Дробныя ростам жучкі гэтай сямы ўсёж такі становяць меншасьць. Наагул даўжыня цела кузулькаватых бывае ад 4 да 53 мм.

Лацінская назова Cerambyx не істнавала ў стараветнай лаціне. Гэта нэолёгізм утвораны Ліннеям. Зложана гэта назова з двох слоў: лацінска-грэцкага: „ceras“, што знача рог і лацінскага „bis“ („падвойна“). Згэтуль bisceramos і скарочанае „cerambyx“ азначае двурогае стварэньне, а ласьне казла. Гэта найменьне дадзена названым жукам па аналёгіі, бо кузулькаватыя – формай вельмі даўгіх шчупнёў сваіх (рожкаў) і спосабам нашэньня іх, запраўды прыпамінаюць казінную сямью млекасытных жывёлаў.

«Крывіч», № 1 (7), студзень–сакавік 1924 г., б. 92–93.

Аб найменьні „Крывічы“

У пачатках гістарычных часаў тэрыторыя ад Дрогічына да Вялікага Ноўгараду і ад Вязьмы да Чарнігава выступае пад найменьнем крыўскай зямлі. Як ведама, ўсе усходна-славянскія землі ў IX–XII сталецьцці былі падбіты немцамі-Варагамі, якіх у нас называлі Русамі, пераняўшы гэтае апошняе найменьне ад Фінаў. Гэтых „находнікаў“ Русаў Пачатны Летапіс строга адрожнівае ад мяйсцовых славянскіх плямён, гэтак пад 862 годам чытаем:

> „И идоша за море к Варягом, к Руси, сице бо ся звахуть Варязи Русь, яко се друзии Гѣте, тако и си Русь“. ... и отъ тѣхъ Варягъ прозвася Руская земля... преже бо бѣша Словени“.

А далей летапісец паясьняе:

> ...„ отъ Варягъ бо прозвашася Русью, а первое бѣша Словѣне, аще и Поляне звахуся, но словѣнская рѣчь“.

У І-м Ноўгародскім летапісе сказана:

> ...„отъ тѣхъ Варягъ, находникъ тѣхъ, прозвашася Русь, словетъ Руская земля“.

У XI–XII стагодзьдзях імя „Русь“ сталася прыналежнасьцю пануючай клясы, якая засымілявалася ужо са славянамі, і, відаць, падобна як і у нашы часы, патрэбен быў асаблівы націск на тое, каб вытлумачыць, што Русь нічога супольнага ня мае з падбітымі славянамі, дзеля гэтага летапісец робіць яшчэ націск на гэта:

> „Се бо токмо словенск язык в Руси: Поляне, Деревляне, Новгородци, Полочане“.

Крыўскія землі, як ведама, ніколі ня былі ўсе пад ўладай русаў. Полацкая зямля станавіла асобную палітычную адзінку, і дзеля гэтага палітычна імя „Русь“ не разпасьцягалася на яе, – яна далей носіць сваё старое імя „Крывія“, У стасунку да Голацкай зямлі імя „Крывія“ сустрачаем:

а) у Лаўрэнціяўскім леталісе пад 1197 годам;
б) у Іпаціяўскім пад 1128 годам: „посла князь Мстиславъ братью свою на Кривачѣ четырми пути“; пад 1140 годам пазваны: полацкія князе „Кривитьскими“; пад 1162 годам: „...сь кривськими князьми“...;
в) у Хлебнікаўскім сьпіску „полацкія князе названы: „Кривскыа“;
г) у Васкрэсенскім сьпіску, пад 1129 г. „пославъ по Кривскіе (полацкія) князи“.

«Крывіч», № 2 (8), красавік–сьнежань 1924 г., б. 101.

Смэрды

Варажскія заваяванні на усходнай славяншчыне замацаваліся прыняцьцем хрысьціянства. Візантыйскія абсолютыстыйныя формы і аўрэоля пашырыцеляў хрысьціянства на славянскім усходзе ператварылі простых заваёўнікаў у апосталаў хрысьціянства. На усходнай славяншчыне да хрышчэньня ведама была „варажская“ і „нямецкая“ вера, якую прыносілі з сабой Варагі з заходу; новае хрысьціянства усходнага абраду заслыло тут пад найменьнем „веры рускай“, г. зн., тэй веры, якую прынялі і шырылі русы. Гэту „рускую веру“ прышчаплялі Варагі галоўна вярхом заваяванага ўсходна-славянскага грамадзянства, ператвараючы яго з мяйсцовых племенных старшын у „русаў“. Усё, што было хрысьціянскім, было варажскім, было „рускім“. Усё, што было мяйсцовым (славянскім), сталася паганскім, нячыстым, сьмярдзючым, пагарджаным. Сялянства для гэтых „рускіх вярхоў“, якія тварылі ўладу разам з Варагамі, было да XIV ст. смэрдамі. Пад іменьнем „Русін“, „Рускі“ разумеліся князі, баяры, духавенства, купцы, пад іменьнем „смэрды“, шырокія народныя масы. Імя „смэрд“ да XIV стг. заменяла імя „селянін“, усюды, дзе разпасьцягалася ўлада дынастыі русаў. І толькі, пасьля замены гэтай дынастыі іншымі дынастыямі, мяйсцовае жыхарства пачынае бараніцца ад крыўднага эпітэту „смэрд“ праз суды. Такую судовую справу за называньне „смэрдам“ прыводзіць Даніловіч („U skarbcu“, том II, 287); другая падобная справа ведама з львоўскіх актаў 1440 і 1443 г. (Akta grodzkie i ziemskie, XIV).

У свой чарод, са зменай дынастыі, або адыходу якой зямлі пад другое панаваньне, найме „Русь“, „Русін“ пачынае зыходзіць да значэньня селяніна. Гэтак у Бельскім прывілею 1501 г. слова „Русін“ азначае „селянін, мужык“, а слова „паляк“ роўназначна – „земянін, памешчык“. Для прыкладу прыводзім выпіскі з гэтага прывілею: „кды бы нѣкоторый съ земянъ былъ обвиненъ презъ Русина; естли бы нѣкоторый Русинъ позвалъ поляка; Русиновѣ земянъ нагабали, Русином на ся жалуючимъ“.

«Крывіч», № 2 (8), красавік–сьнежань 1924 г., б. 107.

Падручны расійска-крыўскі (беларускі) слоўнік / Прадмова

Слова, гэта ня умоўны знак для выражэньня мысьлі, але мастацкі абраз, вызваны найжывейшымі пачуваньнямі, якія прырода і жыцьцё выклікалі ў первабытным чалавеку. Яно знаходзіцца ў цесным зьвязку з народным бытам, яго сьветаглядам, гісторыяй, звычаямі і абычаямі, а дзеля гэтага мова ёсьць вялікай нацыянальнай легендай і скарбніцай, сьвятой спадчынай, каторая пераходзіць з пакаленьня ў пакаленьне, з дзядоў, на ўнукаў. Ўвесь сьветагляд і паэзія нашых прадзедаў замыкаліся ў мове. Кождае слова было легендай-пагудкай, мітам; было поўнае зьместу і паэзіі: бо міт асновываўся на легендзе, а легенда замыкалася ў слове. Слова ёсьць творчасьцю ўсяго народу; формы слова шліфаваліся многімі пакаленьнямі і сталецьцямі, пакуль сталіся тым, чым яны сягоньня ёсьць.

Гэтую цэльнасьць і гармонію народнага слова парушыла чужая граматнасьць і чужыя панаваньні над народам. Прычым граматнасьць наагул ўжывае слова толькі як знадабьбя для перадачы мысьлі, злашча прыйшоўшая да нас хрысьціянская граматнасьць, якая сьвядома старалася зацерці зьмест народных слоў чужымі словамі, запазычанымі ад другіх народаў, для выражэньня новых хрысціянскіх паняцьцяў, або словамі, перакладзенымі з чужых моў, ўложаныя ў якія паняцьці ня мелі ўжо нічога супольнага з народным сьветаглядам.

Мовай хрысьціянскай царквы і граматнасьці сталася ў нас мова баўгарская. Гэта было выгодна для духавенства, якое старалася зацерці ўсякую памяць ў народзе аб яго даўным да хрысьціянскім жыцьці, аб яго папярэднім „паганскім“, знача нячыстым, сьветаглядзе. А гэты „нячысты“ сьветагляд прабіваўся з кожнага слова народнага, згэтуль той разьдзел паміж мовай народнай і кніжнай.

Дзяржаўная ўлада і царква з яе „сьвятой“ граматнасьцю ішлі рука ў руку, ўзаемна падпіраючыся.

Узгадаванае на візантыйскім дэспотызме хрысьціянства акружала пануючых блескам; пануючыя, наўзаем, акружалі духавенства дабрабытам. Чужая народу мова царквы сталася мовай і ўраду. І толькі, калі ў саміх пануючых клясах была ўтрачана зьвязь мовы са старымі „нячыстымі“ традыціямі, пачынае народны элемэнт пранікаць ў кнігу, якая ў першых пачатках была толькі рэлігійнага зьместу. Вось чым тлумачыцца той страшэнны консэрватызм царквы і сьляпое трыманьнеся ею чужой мовы. Але ў даўныя часы гэты консэрватызм меў прынамні апраўданьне ў боязьні, што народ можа зьвярнуцца да старых паняцьцяў, цяперашні-ж, пад гэтым узглядам консэрватызм царквы, гаворыць толькі адно, што яна зьяўляецца слугой адзіна сільных гэтага сьвету.

Гэткім чынам, мова граматнасьці, ў самых першых пачатках, сарвала ў нас лучнасьць з мовай народнай. Тысячалетняе панаваньне царкоўнай славяншчыны, вытваранай на грунце баўгарскай мовы і прасычанай візантыйскімі паняцьцямі, палажыла глыбокі сьлед. Яна, асобную мову крыўскага племя, зблізіла з мовамі іншых усходнеславянскіх плямён. Асымілятарскі тысячалетні ўплыў баўгаршчыны значна аддаліў нашу мову ад яе першапачатковых форм і занячысьціў нескладнымі, чужымі духу і традыціям нашага народа словамі.

Другім, чародным, наслаеньнем у нашай мове ёсьць ўплывы гоцка-нямецкія, якія прыйшлі да нас яшчэ ў дахрысьціянскія часы шляхам заваяваньняў славянскіх плямён Варагамі. Арганізаваная імі дзяржаўная гоцкая ўлада накінула народу шмат чаго з вайсковай і дзяржаўна-кіравецкай тэрміналёгіі (полк – folk, князь – könig і г. д.). У пазьнейшыя часы ішлі нямецкія словы да нас праз таргоўцаў – немцаў, якія вялі таргоўлю па Дзьвіне, Дняпры і Прыпяці. Праз Польшу ішлі словы чэскія, лацінскія, а пазьней французкія. Праз Масковію пранікалі татарскія, фінскія і нова-нямецкія словы.

Наша гістарычная літэратурная мова, на якой пісаліся кнігі і дакуманты XV–XVII ст. ст., зьяўляючыся запраўды мовай тэй, якой гаварылі нашы вышэйшыя клясы, носіць на сабе азнакі ўсіх гэтых ўплываў, памяшаных з мовай народнай. Жыла яна датуль, пакуль істнавала у нас свая інтэлігенцкая кляса, але калі наша баярства і арыстакрацыя сарвала, з народам, і, адкінуўшыся ад свайго народу, здэнацыялізавалася, то й мова іх занікла. У XIX ст. народ у нас гаварыў сваей, пракавечнай „простай“, не інтэлігенцкай мовай, а інтэлігенцыя разьбілася на два абозы: адны пайшлі на служэнне Маскве, другія – Варшаве.

Наша старая мова, вытвараная духавенствам і пануючымі клясамі, незразумела народу так сама, як незразумела народу мова расійская ці польская. Гэна старая мова ніколі ўжо не ўваскрэсьне, як не ўваскрэснуць тыя пакаленьні, якія традыціі яе будаваньня ўзялі з сабой ў магілы. Яна выяўляе цяпер толькі нязьмерна цікавы аб'ект для нашых моваведаў, якія могуць з яе яшчэ многае адкапаць, што ўтрачана народам, бо сьцісла бяручы, гэта ёсьць адна з нашых гутарак, ужо адумершая.

Трэба сказаць, што ў цяперашнія часы пагражае нам тая-ж небясьпека, як і ў гістарычнай мінуўшчыне: наша інтэлігенцыя, па прыкладу расійцаў і палякаў, а найболей расійцаў, ахвотна перапаўняе адраджаючуюся крыўскую літэратуру чужаземскімі словамі. Калі здарыцца ў нашай гісторыі такое-ж адарваньнеся інтэлігенціі ад народу, як то было, то гэта занячышчаная мова ізноў астанецца толькі цікавым помнікам гістарычнай мінуўшчыны, але нязможа стацца патужным правадніком культуры, якім яна павінна быць. Мова перапоўненая чужаземскімі словамі, зьяўляецца ізолятарам культуры ад народных масаў.

У старадаўныя часы няволі народных масс так і думалі, што граматнасьць і культура не павінны быць удзелам народных нізоў. Яшчэ ў 1860-х гадах, ў Расіі, былі людзі, якія падтрымлівалі погляд што: „кнігі пішуцца не для мужыкоў“ (Головацкі).

Дык цяпер, калі адраджаецца сама народная масса, нельга павадыром гэтай массы паўтараць старыя памылкі. Адроджаная наша мова павінна стацца добрым праваднікомі культуры, а гэткай яна зможа быць толькі тады, калі ў ей будзе найменш чужых слоў, калі кождае паняцьце будзе перакладзена згодна псыхіцы нашай мовы; калі формы слоў і будова сказаў будуць адпавядаць законам гармоніі, пераказаным нам ад нашых прапрашчураў.

Мова, гэта аблічча душы народу, і гэтае аблічча народнай душы нельга брыдзіць прылепкамі і наклейкамі, а наадварот, чым яно будзе чысьцейшым, тым прыгажэйшым і здаравейшым. Мы не павінны ісьці сьледам палякаў, якіх аўтары (Навачынскі) могуць пісаць „старапольскія“ повесьці, ўжываючы на сто чужых слоў, адно польскае.

Маючы на ўвазе вышэйсказанае, я, ў гэтай малой сваёй працы, стараўся даць, паводле сіл сваіх, тлумачэньне чужаземскіх слоў на родныя паняцьці. Але мова наша занячышчалася сотнямі гадоў, дык і праца па ачыстцы яе не можа быць зроблена высілкамі адзіночнага чалавека: над гэтым павінны доўгія дзесяцілецьці працаваць вучоныя аб'яднаньні і ўстановы.

Наша мова тады толькі здолее разьвіцца, калі патрапіць выявыць сваю выразна зарысаваную індывідуальнасьць, а гэтым самым дакажа рацію свайго існаваньня, і калі патрапіць абараніцца ад асымілюючага ўплыву суседніх грамадных народаў: Расійцаў, Палякаў, Украінцаў. Дзеля гэтага трэба памятаць, што кожнае чужое слова занесенае ў мову, асымілюе, зьлівае мову з суседскай, забівае яе асобны характар, а таму трэба, асабліва пішучы, высьцярагацца ўжываць сходныя з суседзкімі словамі, хоць-бы яны і былі ў мове, а браць такія, якіх няма ў чужынцаў, але істнуюць у здаровай нашай народнай стыхіі.

На досьледы нашай мовы многімі вучонымі паложана шмат працы, але аднабока. Прычыны гэтаму дваякія: па першае, ў навуцы дагэтуль пануе рутына і боязьнь новай мысьлі, а такжа мноства асьвячоных часам забабонаў, супроць якіх ніхто не важыцца падняць рукі; па другое, дасьледчыкамі нашай мовы дагэтуль былі людзі чужыя, або свае, пайшоўшыя на ўслугі чужым. Дзеля гэтага, немаль усе досьледы над нашай мовай маюць ў аснове сваей фальшывы выхад, што мова крыўская зьяўляецца нейкім злепкам, не маючым сваей індывідуальнасьці, і, прыступаючы з гэткай мысьлю да досьледаў яе, шукалі ў ей ня рысаў яе ўласнай асобнасьці, а, наадварот, сходнасьці з вядомымі ім мовамі, найчасьцей расійскай ці польскай. Згэтуль фальшывы, і, што горш, сьвядома фальшывы, вывад, што мова крыўская (беларуская) зьяўляецца галінай толькі нейкага прататыпу. А затым, сьвядомы ці не сьвадомы, даваўся аргумант у рукі палітыкі, ў рукі пануючых над намі націянальнасьцяў. Дык адраджонаму нашаму моваведу, які прыступае да пазнаньня сваей мовы, трэба дужа крытычна прымаць тыя вывады, якія падсоўваюць у сваіх працах вучоныя нашых суседзяў з Усходу і Захаду.

Значэньне асыміляваньня суседняй мовы даўно зразумелі Расійцы і Палякі, якія абаруч чэрпалі і дагэтуль чэрпаюць з нашай мовы лексычны матэрьял. Прыкладамі могуць служыць Slòwnik języka polskiego Ліндага і Расійскі акадэмічны словарь, ў які цалком унесен слоўнік Насовіча. Аднак народ наш захаваў яшчэ такое вялікае багацьце слоў, зваротаў і выславаў, цалком арыгінальных і ў дадатку нікім дагэтуль не заграбленых, што без вялікіх трудоў можна яшчэ мову нашу збагаціць тысячамі слоў, цалком самаістых, якія могуць лёгка заступіць накінутыя нам чужыя словы, або і нашы, ды ужо з’асыміляваныя чужынцамі. Патрэбны сілы, і то многія, ды свае ўласныя сілы, ня толькі да зьбіраньня моваведнага матэрьялу, але также да ўдзячнай працы над яе лексычным і граматычным развіцьцем, над пазнаньнем законаў гармоніі крыўскага (беларускага) слова.

У надзеі, што новыя сілы, з нашай моладзі якая вучыцца ў краю і заграніцай, зазначаць сябе працай над роднай мовай, я пастараўся замацаваць на паперы тое, што мне ўдалося сабраць за час маей працы на ніве нашага адраджэньня. Нажаль пададзены тут матэрьял я нямог даць з падробнымі вывадамі яго паходжаньня, як гэта вымагаецца навукай. Прычына тая, што калі я пачаў запісываць „цікавыя“ словы, я ня меў на мэце карыстацца гэнымі запісямі ў друку: запісываў іх для сябе самога, а мне асабіста цікава было слова само па сабе і дзеля гэтага я не адмячаў мейсца запісі (калі гэта было з народных вусн), ці кнігі, з якой узяў слова (калі слова узята было з друкаваных песень, казак і інш.). Ад 1902 году да сёлетняга ў мяне сабралася вялікая сколькасьць, запісаў, якіх я няздолеў яшчэ ўсіх выкарыстаць пішучы гэты слоўнік, таму, раз што ўсіх матэрьялаў гэтых ня меў цяпер пад рукамі, а падругое, што выкарыстаньне ўсяго матэрьялу вымагала бы апрацоўкі шмат большай кнігі, а на гэта не пазвалялі ні жыцьцёвыя, ні матэрьяльныя варункі.

Выпушчаючы ў сьвет гэты слоўнік, я цікаваў галоўным чынам практычную мэту і даў „Расійска-Крыўскі слоўнік“ дзеля таго, што, мне думаецца, карыстацца ім будуць больш тыя, якія добра ведаюць мову расійскую, але слаба сваю – крыўскую, бо кожды наш інтэлігент вучыўся расійскай мовы ў школах, а сваю найчасьцей знае толькі з наслыху.

Назваў я гэты слоўнік „Расійска-Крыўскім“, бо як гісторыя сьведчыць, нашае сапраўднае племянное і нацыянальнае найменьне ёсьць Крывічы. Зьмены імён народаў цесна звязаны з гістарычнымі рэвалюцыямі перажыванымі народамі. У нашым гістарычным жыцьці на працягу тысячалецьця было некалькі такіх рэвалюцый, якія складаюць пэрыёды нашай гісторыі.

На зарані гістарычных часаў наш народ выступае, як сарганізаванае цэлае націянальнае і палітычнае пад найменьнем Крывічы. Але ўжо ў X стагодзьдзі адбываецца вялікага гістарычнага значэньня рэволюцыя: замена старой праслявянскай веры новай верай – хрысьціянскай. Хрысьціянства шырылі панаваўшыя, над падбітымі славянскімі плямёнамі, Варагі-Русь. І вось у пэрыёд, ад прыняцьця хрысьціянства да запанаваньня новай, літоўскай дынастыі, наступае замяшаньне ў паняцьцях: народ Крывічы, якім яго ўсе кругом называюць, хочучы адзначыць сваю прыналежнасьць да хрысьціянства ўсходняга абрадку, мянуе сябе па веры і па тыпу перайшоўшай да нас з Візанціі і Баўгарыі, праз Варагаў, культуры – Русамі, Русьсю. Гэты пэрыёд ёсьць Крыўска-Рускі, і трывае ён ад X да XIII ст.

Другі пэрыод наступае са зьменай старой крыўска-рускай дынастыі, якую замяшчае дынастыя літоўская, м. б., ў XIII ст. З упадкам дынастыі, пачынае сыходзіць найменьне Крывічы ў значэньні дзяржаўным: яго заступае найменьне Літва. Дзяржава Альгерда, як і Жыгімонта-Аўгуста была адналітнай Літвой, а толькі ў гэтай дзяржаве быў вельмі значны лік грамадзян, якія трымаліся веры, зашчэпленай ім Русамі, і дзеля гэтага яны па веры называлі сябе: Русь, русіны. Калі літоўская дынастыя прыняла каталіцтва, найменьне Русь злучае ўсіх вызнаўцоў грэцкага абрадку і абыймае ўсе землі, дзе жылі вызнаўцы гэтай веры, ад Карпат да Окі. У гэтым другім пэрыодзе, які трываў немаль да канца XVIII ст., мы фігуравалі пад найменнем Літва-Русь. Дзяржаўна – Літва, па веравызнаньню – Русь. Па гэтай старой памяці ў палуднёвых і ўсходніх паветах, дзе наш народ стыкаўся з такіміж праваслаўнымі ці уніятамі, як ён сам дагэтуль народ наш называе сябе Літвінамі (прыкл. у Чарнігаўшчыне, ў усх. Могілёўшчыне і Смаленшчыне).

Трэці пэрыёд, які пачаўся ад уніі з Польшчай ў 1386 годзе і быў перарваны падзелам Польшчы, кіраваўся да ператварэньня нашага народу ў палякаў. На нашае шчасьце, „народам“ лічылася ў тыя часы толькі шляхта, дык і гэты гістарычны працэс меў уплыў не на ўвесь народ, а толькі адзіна шляхэцкі стан, які пераходзячы праз каталіцтва, прыймаў лаціна-польскую культуру. Гэты пэрыёд у гісторыі нашага баярства, якое было добрымі патрыётамі літоўскімі (у значэньні дзяржаўным), а па культуры і веры мела сябе за палякаў, адзначыўся разьдзелам народных мас з яго гістарычнымі вярхамі, і, слушна можа быць названы Літоўска-Польскім.

Прыходзіць урэшце расійскае панаваньне, і наступае чацьверты пэрыёд расійска-беларускі. З прыходам расійскай ўлады ўціcканае пад Польшчай праваслаўнае духавенства, пагалоўна перакідаецца ў маскоўскі абоз, парываючы ўсякую зьвязь з народам; за духавенствам ідзе праваслаўная шляхта, якая яшчэ была застаўшыся ад разгрому пад Польшчай. Падае, працавіта створаная Польшчай, унія. І, ў выніку, ад народу адпадаюць рэшта грамадзкіх вярхоў, тонучы ў расійскай вялікадзяржаўнасьці і называючы сябе, без ўсякіх засьцярог, „рускими“, праз два „с“. Гэты пэрыёд замацаваў яшчэ адно найменьне – Беларусы.

Гэтак вярхі нашага націянальнага дрэва, пэрыёд за пэрыёдам, засыхалі і адпадалі ад народнага пня. Ці яны аджывуць і прырастуць нанова, трудна згадаць. Хутчэй за ўсё што не. Пераход іх прадзедаў у чужы абоз варункаваўся, пераважна, не ідэалістычнымі, а чыста матэрьяльнымі матывамі дык мала надзеі на тое каб унукі, выракліся з занятага іхнімі бацькамі і прадзедамі палажэньня сярод чужынцаў і вярнуліся да свайго народу нясьці, разам з ім, ланцугі няволі і нядолі.

Цяперашняе націянальнае адраджэньне нашае пачалося не са старых абсохшых галін, а з каранёў народных.

Пачалося і будуецца не дынастыяй, не рэлігіяй, не шляхтай, а самім крыўскім народам.

І дзеля гэтага, шануючы пережытую гісторыю, не выракаючыся культурных здабыткаў, прыдбаных у нашу націянальную скарбніцу пад найменьнем „Русь“, „Літва“ ці іншым якім, мы, хочучы быць самаістым славянскім народам, выносім з гісторыі нашай і з нашага народу на сьвет прастарае племянное і націянальнае сваё найменьне – Крывічы.

Мы Крывічы па крыві, па роду племені, але засяляем землі балотныя і лясістыя, дзеля гэтага, каторыя з нашага племя жылі на дрыгве-балоце, па гэтай азнацы звалі іх Дрыгвічамі, а каторыя жылі ў лясах-дрэвах, зваліся Дрэўлянамі, каторыя жылі на горках – зваліся Гаранамі. Адна галіна Крывічоў, пад кірункам радавых старшын Радзіма і Вяткі, перасялілася з захаду на ўсход, з Ляшскага пагранічча ў парэчча Сожа і тут размножылася. Дзеля гэтага і Дрэўляне, і Дрыгвічы, і Гаране, і Радзімічы і Вяцічы адно Крыўскае племя, адзін, як даўней казалі, язык.

Мы Крывічы, а ня Русь Літоўская, Варажская ці Маскоўская, Белая ці Чорная; мы асобны славянскі народ, не провінціянальная чыясь адмена.

Мы Крывічы, славянскае асобнае племя, са сваей асобнай мовай, гісторыяй, народным характарам, звычаямі і абычаямі; племя, якое тысячу з лішнім лет засяляе сваю крывічанскую зямлю.

Мы Крывічы, гэта знача, што мы па доўгім, цяжкім сне прабуджаемся вольнымі душой, як вольнымі пачувалі сябе нашы прашчуры на вечах старэтных.

Наша мінуўшчына, гэта блуканьнесся па раздарожах і муках, а мы цяпер ізноў пры крыніцах гаючае і жывучае вады, пры сваім народзе крывічанскім, і, разам з ім, адбудовываемо вольную Крывію!

Калісь Манголы заваявалі Кітай і на той знак, што Кітайцы сталіся рабамі, накінулі ім абавязак насіць косы. З тых часаў мінула немаль тры тысячы гадоў; кітайцы даўно ўжо высвабадзіліся з мангольскай няволі, але косы, знак мангольскага рабства, і сягоньня носяць. Ня будзем жа мы падобны кітайцам! Адкіньмо ад сябе з пагардай ўсякія патлы гістарычнай залежнасьці, асабліва калі гэта залежнасьць, як таўро ганьбы, кладзецца на нашае націянальнае імя.

Гэткія былі мае думкі, калі я клаў агаловок „Крыўскі“ на гэту кніжыцу. Пытаньне гэта вялікай гістарычнай вагі, якое, на маю думку, рашыць ці суджана нам быць нацiяй, ці не: яно ляжыць на сумленьні павадыроў нашага адраджэньня і імі павінна быць вырашана. Я, з горсткай аднадумцаў, зважыўшы ўсе данныя, паставілі гэтае пытаньне на кон, хай цяпер абмяркуюць усе тыя, хто арэ і скародзіць крыўскія адлогі.

Затым кнігу гэту дабрароднай зычлівасьці чытачоў паручаю.

1924

Пляновая асыміляцыя

У сталіцы Беларускай (Крыўскай) Радавай Рэспублікі – Менску пяты год выходзіць штодзённы орган Беларускай Камуністычнай Партыі „Савецкая Беларусь“. Ужо сам агаловак штодзеньніка – „Савецкая Беларусь“ паказуе, які там размах мае русыфікацыя, калі рэдактараў гэтае газэты не разіць такі барбарызм, як слова „Савецкая“. Наша мова мае сваё слова для перадачы паняцьця „савет“, гэта – „рада“. Дык і трэба было-бы пісаць „Радавая Беларусь“.

Далей, калі зьвярнуць увагу на словасклад і звароты мовы, якой напісана ўся гэта газэта, то лёгка праканацца ў тым русыфікацыйным уплыве, пад якім (самахоць ці па занедбаласьці?) знайходзяцца супрацоўнікі рэдакцыі паважанай часопісі.

Для прыкладу падамо некалькі выпісак з кіраўнічага органу Радавай Беларусі „С. Б“. Пры гэтым, годна увагі тое, што большасьць новатвораў „С. Б.“ зьяўляецца перакручанымі па жаргоннаму расійскімі словамі.

Вопыт мінулага (№ 193), рас.: „опыт прошлого“, замест „практыка мінуўшага, ці мінуўшчыны“.

Неабходнай умовай (№ 193), рас.: „необходимым условием“ замест „абавязковым варункам“.

Толькі на падставе улічэньня як станоўчых так адмоўных бакоў (№ 193). Гэты завілы сказ зьяўляецца даслоўным перакладам расійскага: „Только на основании учета как положительных, так и отрицательных сторон“. У нашай, як і ў другіх славянскіх мовах, ёсьць словы „бок“ і „старана“, але няма ніякай рацыі „старану“ замяняць „бокам“. Слова „улічэньня“ – гэтак сама брыдкі барбарызм, які мае ў нашай мове сваё слова „падрахунак“, „падрахунку“.

Швэйнай прамысловасьці (№ 193), рас.: „швейной промышленности“, замест: „кравецкай прамысловасьці“.

Жывёлаводзтва (№ 192), рас.: „скотоводство“, замест нашага „гадоўніцтва“.

Праўленьне (№ 192 і скрозь), рас.: „правление“ замест „кіравецтва“, Кожды беларус (крывіч), слова „праўленьне“ зразумее ад „правіць“ нешта папсаванае, але ніяк не дагадацца, што гэта павінна значыць кіраваньне нейкай установай.

Снабжэньне сродкамі (№ 191 і скрозь); узята жыўцом з рас.: „снабженіе“, слова цалком кніжнае, г. зн., штучнае, нечуванае і дзіка гучачае ў нашай мове, замест крыўскага „дастача“, „дастачаць“, „дастатчык“.

Рычажок культурнага пад'ёму (№ 190), замест „вага, важка культурнага уздойму“.

Можна запутацца (№ 190), замест: „можна заблутацца“. Путаюць у нас толькі коней путамі, а аб мысьлях, справах кажуць „блутаць“, „блутаюць“.

Выхаваўчаму удзейнічаньню (№ 190), рас.: „воспитательному содействию“, знача, па-нашаму: „выхаваўчай дапамозе“.

Усвоілі (№ 190), жыўцом расійскае слова; па-нашаму: „прысвоілі“.

Вучасткі зямлі (№ 190) ў значэньні „дзялянкі зямлі“.

Перэўвялічываць (№ 190), жыўцом рас „переувеличивать“, знача: „перавялічаць“.

У абыходзе (№ 190 і скрозь), жыўцом расійскае: „в обиходе“, знача: „ў штодзеншчыне“.

Замыславатыя (№ 190), жывы русыцызм; трэба: „завілыя“.

Учот рэчаў абкладкі (№ 190). Па нашаму „абкладка“, „акладка“ бывае на кнізе. Аўтар відаць хацеў сказаць: „Падлічаньне рэчаў ападаткаваньня“.

Пасьпяхова (№ 197), замест: „пасьпешна“.

Вопыт (№ 197 і скрозь), замест: „практыка“.

Будуюць новыя сялібы на хутарох (№ 187). Слова „хутар“ у нашай мове – чужое, украінскае, яно роўназначна нашаму „сяліба“, адгэтуль – „сялібнік“, „сялібніцтва“, „сялібарства“. Дык „сяліба на хутарох“ – масла масьлянае.

Выгадаваліся на шпальтах нашай газэты (№ 188). Папершае, трудна гадавацца на газэце, а па другое, замест нямецкага „шпальта“ ўсе менскія друкары ўжываюць слова крыўскае (беларускае) „гранка“ дык ужо хіба яны „гадаваліся на гранках газэты“.

Рамонтная праца ў партох (№ 188). Па-нашаму „парты“ – тое-ж, што і „порткі“, г. зн., вопратка на ногі; кажуць яшчэ „нагавіцы“, „ганавіцы“. А так, як першае слова французкае, нечуванае, то чытач „Сав. Бел.“ так і астаецца ў пераконаньню, што недзе нейкая вялася праца ў нейчых „партох“. Сказ гэты быў бы зразумелы тады, каб было напісана: „адбудоўчая праца ў тарговых прыстанях“.

Беражліва адносіцца (№ 189), замест: „уважліва адносіцца“.

Узнос падаткаў (№ 189). У нашай мове прыстаўка „уз“ паказуе скрай чаго што знаходзіцца: „узлесьсе“, „узрэчча“, „узпечча“. Дык і ў даным здарэньні атрымліваецца ўражаньне, што нешта знаходзіцца наўскрай носу. Відаць хацелі выразіць: „аплата падаткаў“.

Агульнае становішча (№ 182). Па-нашаму „становішча“ гэта мейсца, дзе стаяў „стан“, „абоз“ ці (кажучы мовай „Сав Б.“) „лягер“; так сама, як: „гарадзішча“, „торжышча“, „пагарэлішча“ і інш. Кажуць: „агульны стан справаў, рэчаў“.

Водпуск грошай (№ 182). Брыдкі жаргон з рас. „отпуск денег“. Трэба: „асыгнаваньне грошы“.

Ураган (№ 210), жыўцом расійскае слова замест „склока“.

У гэтым напрамку (№ 210 і скрозь), замест: „ў гэтым кірунку“.

Прыняты ўсе меры (№ 210 і скрозь), жыўцом расейшчына, замест: „зроблены захады“.

Вучэбнымі пасобіямі (№ 210 і скрозь), замест: „вучомнымі падручнікамі, прыладамі“.

Ажыўшы муравейнік (№ 206), замест: „ажыўшы мурашнік“, бо па-нашаму не „муравей“, а „мурашка“.

Вокруг (№ 206 і скрозь), замест: „аколіца“, „кругаколіца“.

У трупе Галубка (№ 206 і скрозь). Кожды чытач зразумее, што ёсьць недзе труп Галубка, ў якім нешта мае стацца, а тымчасам паважаная Рэдакція хацела гэтым сказаць, што артыстычная дружына Галубка гатуецца даць прадстаўленьне.

Шляхавая справа (№ 206), нязручны наватвор паводле расійскай складні. Трэба: „справа шляхоў“.

Вайсковы пабыт (№ 204). Плямы пабыту (№ 205), перажарганаваны нязручны украінізм.

Нормы перарахунку сенажацяў у пашню (№ 201). Архаічнае слова „пашніца“, у нас азначае не ральлю, а тое, што сеюць: „жыта і пшаніцу, ўсякую пашніцу“. „Запахаў авёс“, знача не заараў яго, а засеяў. Слова „пашніца“ зьяўляецца архаізмам, сустрачаным ў песеннай толькі мове і ў значэньні сяўбы, сеянага. Тут-жа ужыта расійскае „пахота“ перажарганаванае ў „пашню“ ў значэньні „ральля“, „аромiна“.

Умацовуюць смычку (№ 201 і скрозь). Саўсім дзікі наватвор. Замест: „умацовуюць сувязь“.

Балаховіч вылазіць на паверх (№ 199). Дзеля таго, што слова „паверх“ у нас тое-ж самае значыць, што у расійцаў „этаж“ то і атрымліваецца ўражаньне, што Балаховіч вылазіць недзе на паверх нейкай будыніны.

Ячэйка (№ 199 і скрозь), замест: „завязь“.

Нагласць польскіх паноў (№ 196), чысты русыцызм і складні, акром таго рас. „наглость“ тлумачыцца на нашу мову „нахрапнасьць“. „Сьмерць нахрапам бярэ“.

Барацьба з пасьледкамі (№ 194), замест: „змаганьне з вынікамі“.

Дурман (№ 252), па нашаму „дурэц“.

Учытывать камандзераў (№ 252), замест: „падлічаць“.

Заняткі (№ 252), замест: „заняцьці“.

Прысутнічала (№ 252); замест: „была пры тым“ – „прытымбытнасьць“.

Справа абстаяла (№ 250), чысты русыцызм.

Уточнены артыкулы (№ 250), замест: „акрэсьлены артыкулы“.

Зямельнае вобчаства (№ 250). Слова „вобчаства“ заводзіў у нас царскі урад, і яно заўсёды разьбівалася аб нашае „грамада“. Каму і нашто запатрэбілася мярцоў зноў на сьвет выцягаць?

Барацьба (№ 250). У нас маюцца два словы для акрэсьленьня гэтага паняцьця: „барацьба“ і „змаганьне“. Першае ужываецца ў значэньні фізычным: узяцца за плечы і бароцца; другое ужываецца ў значэньні адвалочным. Дык і тут, мова аб змаганьні з капіталам, а не аб фізычнай барацьбе з ім.

Бездазорнасьць (№ 249), замест: „бездагляднасьць“.

Узорная школа (№ 249), жывы полёнізм: „szkoła wzorowa“, замест: „спаказная“, або „наўпрыкладная“ школа.

Даклад (№ 245), замест нашага: „спавешчаньне“ – „спавяшчаць“ (докладывать), „спавестнік“ (докладчик).

Кнігарням робяць ськідку (№ 944), замест: „кнігарням робяць ўступку“.

Розных прадметаў (№ 243), замест нашага старога: „розных аб’ектаў“.

З гістарычнай практыкі ведама нам, да чаго гэткая асыміляцыя давяла нашу мову ў XVI ст.: давяла яна да таго, што ужо ў XVII ст. крыўская кніжная мова сталася аднолькавай з польскай. У некатарых помніках рожніца між аднэй і другой была толькі ў літарах, дык урэшце-рэшт крыўская (беларуская) мова, як мова палітычна слабейшай нацыі, павінна была уступіць мейсца польскай. Калі-ж у Радавай

Беларусі (Крывіі) пойдзе далей такая асымілятарская работа, то ці ня станецца гэта самае і другі раз? Гісторыя, кажуць, паўтараецца...

А ў Радавай Беларусі (Крывіі) шмат спрыяючых гэтаму варункаў. Унівэрсытэт, у якім выкладаюцца лекціі ў чужых мовах, названы Беларускім. Школы бяз кніжак і вучыцялёў, вёска засыпаецца расійскімі агітацыйнымі друкамі.

Каб ня быць галаслоўнымі, падамо некалькі фактаў.

Лекціі у Менскім Унівэрсытэце чытаюцца па-расійску; знача, замест аслаўленай і разкрычанай „беларусызаціі", вядзецца нахрапная „маскалізація". Унівэрсытэт штогоду выдае свае „Труды", якія на 100 балонак друку маюць 10 радкоў ў беларускай (крыўскай) мове.

Аб праўдзівым палажэньні сярэдняй школы часам прасьлізаюць весткі ў „С. Б.", прыкладам ў № 250 ад 28.X.1924 г., у карэспандэнціі з Талочына (Аршаншчына) кажацца:

„У Талочынскай сямёхгадовай школе заняткі ідуць ужо некалькі тыдняў. І беларускую мову прыходзіцца выкладаць без ніякіх кніжак. У школе ёсьць адзін лемэнтар, па якому вядзецца навучаньне ў нулявой і першай групах".

А тымчасам у гэтым-жа Талочыне з 1910 году істнавала патайная беларуская школа, і аколіца яго – сьвядомыя беларусы.

Ведама-ж, калі няма беларускіх кніжак, то вучаць на расійскіх, а ці-ж гэта не тая-ж самая, што і за часы царскай ўлады русыфікація?

У № 191 „Сав. Бел." ад 20-VIII-1924 г. у карэспандэнціі з Барысаўшчыны, тая самая ціхая і асьцярожная жальба:

... „адсутнасьць у школьных, цантральнай і клюбных бібліатэках беларускай літэратуры, а ў гарадзкіх кнігарнях беларускіх падручнікаў".

Палажэньне на вёсцы яшчэ горшае: „культурная праца у гэтых вёсках спынілася саўсім (мова аб вёсках Барысаўшчыны): газэты не чытаюцца, ніякія гутаркі з сялянамі не праводзяцца і г. д."

А вось яшчэ карэспандэнція з Магілёва („Сав. Бел." № 203 ад 3-IX-1924 году):

„Надыходзіць ужо час заняткаў у Магілеўскім пэдагогічным тэхнікуме, а разам і ў вопытна паказальнай школцы (практычна-спаказнай Рэд.) пры тэхнікуме. Заняткі хутка пачнуцца, але пытаньне – на якой мове пачынаць? Асабліва гэтае пытаньне датычыцца да паказальнай сямёхгодкі. Такое пытаньне паўстае таму, што Магілеўскі пэдагогічны тэхнікум лічыцца беларускім, а з гэтай прычыны мае пры сабе і беларускую паказальную школу, якая ня мае ніводнага беларускага падручніка. Дзіцяці трэба будзе даць беларускі лемэнтар, а яго нямашака ў школцы ды і няма наагуль ва ўсім Магілеве“.

А у Слуцку:

„Беларусызацыя школ тут праводзіцца ужо трэці год, але пакуль што, далей трох груп не сягнула. Праўда, летась былі спробы асобных настаўнікаў выкладаць на беларускай мове і ў чацьвёртай групе, але ў гэтым годзе яны ўжо загінулі. Трэба сказаць, што ня ўсё добра ідзе і ў першых трох групах, бо ў трэцяй прыродазнаўства і грамадзяназнаўства вядзецца на расійскай мове... Ды наагул, нават і асобныя дысцыпліны беларусазнаўства ня ўсюды выкладаюцца. Так, выкладчык географіі яшчэ не распачаў да гэтага часу выкладаньня геаграфіі Беларусі“...

Гэткія жальбы вырываюцца толькі з грудзей сьвядомых сыноў зямлі, у большасьці-ж школ сядзяць русыфікатары, якія з данага палажэньня здаволены, і ўся іх работа па „беларусызацыі“ агранічаецца многаслоўнымі карэспандэнціямі аб тым, што „будзе зроблена“ або аб тым, што „вынесена шмат карысных пастаноў“.

Як, і ў якой прапорцыі засыпаецца беларуская (крыўская) вёска чужой літэратурай, дае данныя адна карэспандэнцыя з Асіповіцкага павету („Сав. Бел.“ № 182, з 9-VIII-1924):

„З падпіскай на газэты справа стаіць добра. За жнівень выпісаны газэты: „Гудок“ (175 экз.), „Праўда“ (33 экз.), „Известия“ (14 экз.), „Звезда“ (7 экз.) і „Савецкая Беларусь“ (1 экз.)“.

І мімаволі, чытаючы Радавыя часопісі, прыходзіць на мысль сумная думка: ці вытрымае гэту асымілятарскую навалу наш народ? Асабліва, калі чытаеш аб такіх надзвычайных нацыянальных здабытках ў пяты год існаваньня Радавай Беларусіі, як пазваленьне „приймаць тэлеграмы на беларускай мове ў межах Беларусі“ („Сав. Беларусь“, № 189, з 17-VIII-1924 г.). На ўсім сьвеце даўным даўно прыймалі і прыймаюць тэлеграмы ў беларускай мове: у Францыі, Італіі, Нямеччыне, Чэхіі, Англіі, Амэрыцы і інш. А ў Сувязі Радавых рэспублік толькі ў гэтым годзе пазволена карыстацца на тэлеграфе мовай беларускай і то – толькі ў межах Рад. Беларусі!

Гэты апошні факт зьяўляецца мерай і вагой ўсей тамтэйшай „беларусызатарскай“ работы.

«Крывіч», № 2 (8), красавік–сьнежань 1924 г., б. 96–100.

Даль аб беларускай мове

Вядомы расійскі філалёг, Даль, у сваім слоўніку жывой Вялікарускай мовы у II т. (стр. 39) робіць гэткую увагу аб беларускай мове:

„Беларусы (Крывічы?) якія ахвочы да поўнагалосага *а*, аднак ня любяць ні *а* ні *я* на другім складзе перад націскам, а ставяць *и*, *ы*: пярун, пірунок; бярэч, бірагу; ня можэш, ні магу; як хочеш, як хачу; кызакі, пыганяй, пыд гарэю і інш“.

Як відаць з гэтых прыкладаў Даль да сваіх вывадаў карыстаўся дыялектам вітабска-смаленскім, але аднак яго ўвага мае глыбокія падставы і для другіх дыялектаў, бо, запраўды, беларуская мова ня любіць у другім складзе перад націскам *а* і *я*.

Ня менш цікава, што Даль пішучы „Беларусы“ стаўляе ў скобках „(Крывічы)“ пад знакам пытаньня. Гэта паказуе, што ён не гадзіўся з афіцыяльным расійскім назовам. „Беларусы“ і дзеля гэтага ставіў побач „(Крывічы?)“. Як ня дзіўна, а чужы чалавек, Даль, абруселы немец, перарос разуменьнем нашай номэнклятуры, некатарых сучаснікаў нашых.

«Крывіч», № 1 (7), студзень–сакавік 1924 г., б. 93.

Таўтолегія

(Выбрана з Романова, Шэйна, Безсонава, Крачкоўскага, і запісаў В. Л. з 1910–1914 г. г.)

Баба-бабарыха; бубны барабаны; бел-бялявы; бьюць-выбіваюць; берагбер-бережысты; брахна-браточак; бярно-калода; бірка-карбаванка; борам-баравінаю; бьець-пабівае; бажыцца-клянецца; бярэ-хапае; борзда-скоры; бой-вайна, бедны-убогі.

Вее-павявае; вішанька-чарэшанька; воўк-сірамаха; вые-завывае; водзіць-паводзіць; відзець-бачыць; вялела-казала; вада-вадавіца; высі-высокія; верабей-гаробчык верба-вербяніца; вар-кіпень; віры-амуты; воля-свабода; веткі-галіны.

Гойкнулі-крыкнулі; гуляе-пагулівае; грэе-пагрэвае; гора-бядаваньне; гіда-брыдота; гідзь-брыдзь; гарыць-палыняе; грызе-гложа; гырчыць-вурчыць; грыміць-пагрымоўвуе; грыміць-гучыць; грыміць-гудзе; гудзіць-гучыць; глядзіць-выглядае; глядзіць-узіраецца; гойдаўка-калыска; гойдае-калыхаецца; грае-выгрывае; гручыць-стучыць; гарне-заграбае; гойкае-кліча; граза-страхота; гнеўны-сярдзіты; гроб-магіла; гірса-аржыца; глуміць-марнуе; глыбіна-глыбокая; гаварыць-казаці; горка-гарчыца; гоніць-туровіць.

Дыміць-курыцца; дамок-хацінка; дамоўка-труніца; дымна-хомарна; дымы-дымеюць; дзеўка-дзявіца; дуда-дудуха; доўжа даўжэзная; дзень-дзянёчак, дзын-дзылін; дрэнь-благая; дрыжыць-трасецца; дзірван-мураўка; дзярмень-лахмыр; дзіч-дзікая; дзядзіна-цётка; дуб-дубавень; дзяржыць-трымае.

Журба-туга; журлівая-сварлівая; жыга-жыгучая; жумрыць-кусае; жыць-быць; жвякае-кусае; жарты-забаўкі.

Знае-ведае; зігціць-блішчыць; зелен-зелянюсенькі; заве-паклікае; зябіць-марозіць; злы-сярдзіты; зычны-галасісты; зюкае-гукае; зігціць-мігціць; зьмяя-гадзіна; звініць-дзыніць; зара-заранка; зяпаць-крычаць; заскаміць-закалоць; заскорбла-засохла.

Крыніца-вадзіца; край-краіна; кусты-купіны; ка́ра-чорны (вочы); карбы-нарэзы; круг-кругом; карціць-рупіць, кідае-шпургае.

Любіць-кахаці; ліе-налівае; лень-лянько; ляцець-лынаці; лугі-даліны; лучыць-яднаці; ляпаць-стукаць; легма-палягусеньку; лягма-лёг; ляпа-пашчэнка; лаяць-сварыцца; лыка-луцень.

Мізраўка-плюгаўка; мураўка-траўка; мора-акіян, марыць-мучыці; марнее-нішчыцца; мармыль-дагрыза; мяжа-граніца; мурза-чарневіч; морыцца-томіцца; мігціць-сьвігціць; мігі-мірглі; мука-цярпеньне; маніць-хлусіць; морак-цямрыца: маці-матуленька; мамка-мамухна; ма́раю-злудаю; магут-асілак; мерыцца-мяркавацца; мурчэць-вурчэць; помігам-мігцець; мерці-паміраці, Мара-начніца; мор-паморак.

Нажыліся-набыліся; нораў-натура; недзе-некуды; німа чаго-німа што; нейкі-неякі; нашынцы-нашы;

ночка-начыстая; начлег-начаваць; начлежыца-ночная; нуда-жуда; ные-скаміць; немач-хвароба; нівы-загоны.

Плакаць-тужыці; плача-ўзрыгае; пасеяна-пасаджана; пье-лайдачыць; не прышоў-не прыехаў; пячы-пражыць; пячы-смажыць; пячэ-прыпякае, плачмя-плача; піхма-піхае; пекны-прыгожы; пукаты-букаты; пыліць-бяжыць; прудчэй-хутчэй; пропадам-прапаў; плыве-ручыцца; плынём-ручвом; поланка-прасека; бяз просыпу-без ачунку; прысмакі-ласункі; пугаю-папліскаю.

Род-радзіна; рубае-сячэ; рыба-рыбіца: руды-мышаты: рымар-хамутнік; рада-парада; радно-дзяруга; рэшацень-сявень; ручыць-шэнціць, шануе; рана-раненька; румяны-чырвоны; рэмянь-скурат; рыдаль-капаг; радзее-цешыцца.

Стара жонка-матка; стучыць-тручыць; стукун-грукун (на небе пярун); стукнуць-бразнуць: стукнуць-гракнуць: стукае-пастукае; сачыць-шукаці; сіпіць-сычыць; сумаваць-маркоціцца; сеяць-садзіць; сып-сыпучка: сьпіць-пасыпае; зо сну-с просну: сіверам-холадам; стары-старэнькі; сьмешкі-пасьмешкі; суды-вядзерцы.

Траўка-мураўка; торгаць-скубаці; трызніцца-мерсьціцца; трашчыць-ламаецца; ўтраціць-губіці; таргуе-купцуе; тукае-стукае; тужыць-бядуе.

Хлеб-соль; хвошча-палошча; хуткі-скоры; худа-нядобра; хомар-туманы; хатыль-заплечнік; холад-марозы; холадна-зябка; хітры-мудры; хацець-жадаці: хворасьць-няўздольле; хінецца-клоніцца,

Часты-густы; чысты-ясьненькі; чарот-стусіна; чорны-жукасты; чырліць-цілікае; кубкам-чараю; чорт-нячысьцік; чужы-нятутэйшы.

«Крывіч», № 1 (7), студзень–сакавік 1924 г., б. 90–91.

Аб слове „кабета“

Слова „кабета“, якое, будучы польскім барбарызмам, даволі часта трапляецца ў нашай адраджэнчай літэратуры, саўсім добра можа быць заступлена сваім – „жанка“. Тым больш, што і ў польскай мове слова „кабета“ яшчэ ў XVI ст. лічылася лайчывым (Гл. Słownik języka polskiego. Linde). Яно паходзіць ад „kobić“ – чараваць і першапачаткова азначала: чараўніца, ведзьма. Па сваей этымолёгіі гэтае слова і сягоньня месьціць ў сабе гэтае паняцьце, аб чым сьведчыць наша старая літэратура якой вядомы: „кобити“ – чараваць, „кобии“ – чараўнікі. „Что имя твое и что ти кобь?“ (Супрасльск. рук.). У жывой мове вядомы словы: „кабук“ – род ці эпітэт чорта (говораць аб чорце „кабук“ ў такім значэньні як „той“, „гэны“, „нячысьцік“) і „кабейніца“ – баба ў якой „благія вочы“, ад каторых бываюць „урокі“, „сурокі“, слова „кабейніца“ азначае таксама балотную чорную вужаку, у адрожненьне ад „верацейніцы“ маючай больш сьветлую афарбоўку скуры (Вітабшчына). У Барысаўшчыне говораць ў лаянцы слова: „скобсьціўся“, што знача скруціўся, зыйшоў з розуму, прапаў, здох. „А, каб ты скобсьціўся!“

«Крывіч», № 1 (7), студзень–сакавік 1924 г., б. 96.

Бацька польскай камэдыі

Гэтак называе Францішка Багамольца вядомы польскі гісторык Люцыян Маліноўскі (Lucian Malinowski „O języku komedyj Franciszka Bohomolca).“ Ф. Багамолец належыць да ліку тых крывічоў якія будавалі польскую культуру і збагачалі яе мову беларускім слоўнікам. Больш таго: ён быў запраўдным бацькам г. зн. тварцом польскай сцэнічнай камэдыі. Пісаў ён пад вялікім ўплывам тагочасных (другая палавіна XVIII ст.) францускіх пісьменнікаў, а галоўна Мольера. Да гэткіх належаць: „Pan do czasu“, „Rada skuteczna“, „Figlacki polityk teraźniejszej mody“, „Nieroztropność“, „Natrętnicy“. Багамолец быў родам з Вітабшчыны, па прафэсіі сьвятар ордэну Езуітаў. Пісаў ён вітабскім польскім жаргонам, ў дадатку, сваім асобным правопісам і граматыкай. У яго польшчыне прабіваецца беларускі сынтаксіс, а сама польшчына перапоўнена беларускімі словамі, няраз так чужымі для палякаў, што вучоны гісторык польскай літэратуры р. Л. Маліноўскі і сягоньня, тлумачучы іх, выказуе сваё неразуменьне. Гэткіх слоў шмат, за недахватам месца падам такое як „рум“ з „Natrętników“. Л. Маліноўскі яго тлумачыць „sława“. Слова „рум“ у Багамольца ўжыта ў значэньні вольнага пляцу. На падзьвіньню „румам“ называюць пляц над ракой на які звозяць лес ці тавары: „Умовіліся даставіць на рум бярвення“.

«Крывіч», № 1 (7), студзень–сакавік 1924 г., б. 95–96.

Матэр'ялы да крыўскага слоўніка

Абязхоціць, утраціць, адбіць ахвоту, хаценьне да чаго (В. Баяры, Дзісенск. пав.)

Ахаланець, ахалануць, ахаладзіць, астыгнуць; супакоіцца пасьля вялікага ўзрушаньня: страху гневу (Стары-Пагост Дзіс п.).

Ахалануцца, ахаладзіцца; кажуць уходзячы ў ваду пры купаньні, зн. апаласнуць цёплае, разагрэтае цела сьцюдзёнай вадой; „асьмеліцца", абліцца сьцюдзёнай вадой пасьля хвастаньня ў лазьні.

Быкуля, жартліва-лайчывая назова здаровай, разьбітнай і маладой дзяўчыны (м. Гарманавічы, Дзіс. пав.).

Брыкуля, жартліва-лайчывая назова дзяўчыны апрысклівай, капрыснай, непадступчывай (там-жа).

Бусьнець, наліваццa ўласнымі сокамі; гаворыцца аб ягадах у часе пераходу іх ад зялёнасьці да сьпеласьці; станавіцца сочна-чырвонаму, падобна ягадзе (Ілукштскі і Браслаўскі павет).

Бусьніцы, ягады брусьніцы (там-жа).

Бусны, бусмяны, чырвоны і сакавіты.

Бускі, дзіцячае слова – ягады і вусны (каля Друі, Дзісенск. пав.), а такжа загад пацалаваць: „Дай бусі, буські, бускі тату“. Каля Дзісны, Глыбокага і Вілейкі на дзіцячай мове ягала – „буба“; каля Друі „буба“ – гарошына.

Бязэдны, які ня мае дна. „Е, – гавора, – у вакіяне бязэдным зямля“. (Романов. „Бѣлор. Сборн.“ IV, балона 1).

Цыркаць, даіць малако; ліць што кароткімі тонкімі пацёкамі; даваць, выдаваць што па крысе, скупа.

Ціна, доўгія тонкія водарасьці.

Цапчык, засечка на рыбалоўскім кручку (Дзісна).

Цапы, самыя загібы ў абцугох, якімі хапаюць за цьвек (там-жа).

Дзехціць, пакрываць што, памазуючы дзёгцем (В. Буды, Дзісенск. пав.).

Дыматна, дымна (там-жа).

Дзярмён, расьціна, званая па-польску „dereń“.

Гірчэць, храпець бяз голасу, падобна стварэньню з перарэзаным горлам; а такжа выдаваць храп, падобны сабачаму, калі сабака выказуе злосьць (каля Еўя, Троцк. пав.).

Гарвінка, невялічкая горка, рас. „бугорок“ (там-жа).

Гаўчыць, брахаць; гавораць па ўсей Вітабшчыне і Магілеўшчыне (гл. Романовъ. „Бѣлор. Сб.“ IX, бал. 215).

Гліўкі, цеклы, густы і ліпкі. „Гліўкі хлеб“, які лепіцца да рук і нажа (Вілейскі пав., каля Ільлі).

Гліва, цякучая, ліпкая гразь, якая бывае на дне вод: адмена бліскучай палівы, ўжыванай ганчарамі (там-жа).

Гуля, набітая шышка, жаўлак на целе; плод расьціны, дрэва ў форме клуба, але ня шышка, ня яблыкі ці груша. (Ашмянскі пав., каля Крэва).

Яраваць, бегаць за дзяўчатамі; пагардліва-насьмешна кахацца (в. Буды, Дзіс. пав.).

Кавалда, кавяла; клюка да падпіраньняся, няроўная, з цяжэйшым канцом, чым верх. (каля Эйшышак, Віленскі пав.).

Клосны, ліпкі і кашкаваты; выводзіцца ад слова „клуха“ – разьмяшаная на цеста гразь на дарозе (каля Новааляксандроўска (Браслава).

Кузлаць, кузлачыць, блутаць. „Пакузлаў лён, валасы, ніткі. салому“ – гаворыцца аб блутаньні чаго тонкага, доўгага.

Кузлак, зблуганы ком валасоў, валакна, нітак.

Кузлы, клаччо чаго тонкага, доўгага, блутанага. (Усе тры вышэйпададзеныя словы – агульна ўжываныя ў Дзісенскім павеце).

Курпаты, курчавы. „Пятрусь курпаты“ (Лідзкі пав.).

Курпаць, крыпаць, блугаць (там-жа).

Лёкат, палахлівасьць, рас.: „трусость“ (в. Буды).

Лёгатна, пачуцьцё лёгкасьці. „Аж. лёгатна на душы стала“. (в. Буды Дзіс. пав.).

Моляўка, адз. лік; моляўкі, мн. лік (Дзісна, мяшч. Скукоўскі); ў значэньні дробнай жывінкі нешта точучай, а такжа ў значэньні хваробатворчай бактэрыі. „Моляўка ты халерная“. „Вось, моляўка нейкая сэрца точыць“.

Міркаць, мігаць гаснучы, пагасаючы (в. Дзямідава, каля Дзісны).

Муратня, мейсца, дзе муруюць мур (м. Гарманавічы. Дзіс. п.).

Мякіліны, астаткі ад вымалачанага льнянога семя, якія зграбаюць граблямі перад веяньнем. (Дзіс. пав.).

Мышкаваць, ціханька шукаць чаго, падобна мышы (Дзісна).

Мазух, мазур, смалагоншчык, дзягцяр, хто займаецца выганкай дзёгцю, званага іначай: „мазь“, „каламазь“, „каланіца“. (Аўгустоўскі пав., каля Лагойска і каля Гарманавіч, Дзіс. пав.).

Наскараць, падганяць, туртаць каго да шпарчэйшага руху.

Наскорчыва, пасьпешна, рас. „ускорительно“.

Наскорыць, падагнаць, прысьпяшыць. (Слонімскі пав. Горадзеншчына).

Наперадай (ісьці, ехаць), наўпрост пракладаючы сабе дарогу на які відомы далёкі пункт (ва ўсім Дзісен. пав.).

Нача, начаці, начатны, начатак, мейсца пачатаку, адкуль выцякае рака; канец, ніткі ў клубку; наагул, пачатак чаго доўгага. Прыкладам, верхні калок пры снаваньні кросен, ад якога пачынаюць снаваць, называецца „н*а*чны“ (Талочын і Чарэя ў Могілеўшчыне; Еўе, Троцк. пав., а такжа ў Лідчыне).

Прызар*о*к, абяцаў, ахвяраваў, рас.: „обѣт“.

Прызар*о*чны, абяцаны, ахвяраваны, рас.: „обѣтованный“ (Браслаўскі пав.).

Первясны, первясьнік, першародны – роднік – родніца (в. Буды і каля Ямна, Дзіс. п.)

Пл*а*катна, плачліва. Плакатун, пл*а*катнік, –ніца (там-жа).

Працьмат*а*, безканечны лік, множства. Працьмата грошы, птушак і г. п. (Горадзеншчына і Віленшчына).

Пакурп*а*ныя валасы, пагнутыя ў кольцы, пакручаныя ў завіткі; пакрыпаныя, паблутаныя (Эйшышкі, каля Вільні).

Пустэрка, нешта спуставанае. „Сеў гаспадарыць на пустэрцы, а цяпер у яго і стайчынка і зярнінка, – ўсё есьць“ (в. Дзянісава, каля Дзісны).

Пустэрнік, благі гаспадар, у якога нічога няма і які жыве на пустцы, або сам прычынай пусткі праз гультайства, ці лайдацтва (там-жа).

П*о*прыч, акром, апрыч. „Ну, той палез, узяў зямлі ў рукі, а попрыч у рот“ (Романовъ. „Бѣлор. Сб.“ IV, бал. 1).

Паз*о*рышча, рас.: „зрѣлище“, падзея, прадстаўленьне, годнае каб на яго узірацца. „На пасьмевішча ды на пазорышча людзём“. „Зьбегліся, як на пазорышча якое глядзець“ (Каля Постава і Глыбокага).

Паз*о*р, спогляд, погляд, від, прадстаўленьне (там-жа).

Паз*о*рня, мейсца з якога добра відаць, мейсца, дзе бываюць якія сцэны, відовішчы; у лаўцоў – памост на дрэве да пілнаваньня мядзьведзя, а часам іншага зьвера (Барысаўшчына, каля Лагойска).

Пярэпісма, копія, одпіс зроблены з чаго (Звыклае слова ў Новапагоскай валасной канцэлярыі пры пісару Маеўскім ў 1890-х гадох).

Рапуг*і*, падпухшыя сінякі на целе ад udaраў; сінякі; падскурныя балячкі на аблічы ці целе (в. Сталіца і Баяры, Дзісен. пав.).

Раскутаць, разчыніць насьцеж (разьвінуць кут вакна, дзьвярэй). Рас.: „распахнуть“. (Ужываецца ва ўсей Вітабшчыне і Магілеўшчыне).

Рэнь, пяшчаная мяліна касой, нанесеная веснавой вадой (Плытніцкае, на Дзьвіне).

Ростка, ветачка гэтагодняй, маладой парасьці, якая ўжываецца да пасадкі. Польскае „flans“ (Язна, Мёры, Дзіс. пав.).

Скліпы, ніты; цьвякі, якімі зімным каваньнем змацовуюць два кавалкі зялеза, заклёпываючы канцы. Засклiпка, засклiпаць (Троцкі пав).

Спалагодзіць, уняць, уцішыць. „Спалагодзіць сварку, боль, злосьць“ (в. Баяры, Дзіс. пав.).

Судылга, косьць ад калена да пяты (там-жа).

Секіль, кавальскі малаток да разсяканьня зялеза; у рэвальвэры – канец курка, які прасякае пятку набою (там-жа).

Сурожны, які знаходзіцца на самым рагу, на выступе вугла. „Сурожная камяніца, крама“ (Дзісна, Друя).

Субожынка, дар, дарэньне убогаму; рас.: „милостыня“ (Боркавічы, Дрысен. пав.).

Стулубы (сталярск.) зарэзкі зубамі на канцох дошчак да зьвязываньня і склеіваньня іх між сабой.

Сураж, мейсца між дзьвяма рэкамі вострым вуглом (каля Полацка).

Шнар, знак на целе ад удару пугай, дубцом; знак на целе ад загоенага парэзу, роздзіру (Слонімскі пав. Горадзеншчына).

Шушкацца, шаптацца; рас.: „шушукаться“.

Шапортаць, шастаць. „Шапортае паперамі“. „Шапортаецца, як мыш у саломе“.

Шакіліны, мякіна ад грэчкі і жоская лузга з расьціннага насеньня (Дісненск. п.)

Шакіль, калючка, кастрына, ашчэпак цьвёрдай лузгі (там-жа).

Туртаць, падганяць, наскараць, непакоіць, прымушаць да чыну. (Слонімск. пав.)

Узвышкі, ўвышыню, наўзвыш.

Узычка, учынак, зроблены для каго праз ветласьць; рас.: „одолженіе". „Я панічу ня узычу" (З народнай загадкі).

Узычлівы, узычаць; рас.: „одолжительный", „одолжать".

Вурзы, пагардлівая назова вуснаў (Дзісенск. пав.).

Вехціць, шараваць вехцям; чысьціць пры помачы вехця; шараваць (в. Буды, Дзісенск. лав.).

Здрок, кусьлівая муха „...сѣраго, поуже и длиннѣе пчелы „здрока", этого тигра насѣкомых". (Эрэмичъ. Очерки бѣлорусскаго Полѣсья. Вильна 1868, бал. 74). Рас.: „строка".

Зьмей-дугаровіч. Гэты эпітэт ужыў апавядач у казцы (М. Сталюк, в. Сталіца, Дзіс. пав.). Мне ён напамінае быліннага „Тугарына"; ці ня ёсьць гэта адзін і той-жа эпітэт? Вельмі бо падходзіць да зьмея эпітэт, які выражае, што ён выгінаецца дугой.

Зяхаць. Сабакі зяхаюць, калі гоняць зьвярыну (Дзіс. пав.).

«Крывіч», № 9 (1), студзень–чэрвень 1925 г., б. 100–102.

Прычыны заняпаду крыўскай мовы ў XVII ст.

Для об'ектыўнай ацэны аддзельных падзей у мінуўшчыне неадзоўным варункам зьяўляецца зразуменьне псыхікі тагочаснага грамадзянства: падыходзіць да мінуўшчыны трэба не з сягоняшнімі нашымі паняцьцямі і сьветаглядам, а найперш уясьніць сабе паняцьці і сьветагляд людзей, якія жылі і дзеялі ў данныя часы.

Гаворачы аб падзеях XVII ст. мы найперш павінны сабе ўявіць, што ў тыя часы так ясных нам сягоньня паняцьцяў аб нацыі не іствавала. Паняцьце нацыі заступалася дзяржаўнай прыналежнасьцю і веравызнаньнем. Пры тых варунках палітычнага жыцьця, ў якіх апынулася нашае грамадзянства ў XVII ст. калі кіруючая роля ў дзяржаве пераходзіла ў рукі палякаў і спольшчаных нашых вышэйшых кругоў, зьвязь з народнымі масамі пачувалі адзіна толькі тыя, якія яшчэ трымаліся ўсходнага абрадку (як праваслаўныя так і ўніяты) з яго славянскай літургіяй і царкоўнай пісьменнасьцю. І, вось, сягоньня здаецца нам загадкай, чаму ў той час, калі пад напорам гуманізму ўсе заходна-эўрапэйскія мовы адраджаліся, вызваляючыся са скоўваўшых іх пут мёртвай лаціны, то наша мова у гэтым самым часе пачала занепадаць і што раз больш зыходзіць з публічнага ужытку.

Прычыны гэтага былі многія, але галоўная з іх – памылковы погляд нашага тагочаснага грамадзянства на „старарускую“ мову, якая ў істоце ніколі не істнавала, або істнавала толькі ў выабражэньні кніжнікаў XV і XVI ст. якія думалі, што мова царкоўных кніг, прынесеная разам з хрысьціянствам з Баўгарыі, была першапачатна адзінай супольнай мовай для ўсіх плямён Усходнага славянства. У істоце мова царкоўнай пісьменнасьці ніколі ня была мовай народных мас Усходнага Славянства, падзел якога на племянныя дыялекты бязумоўна істнаваў яшчэ ў паганскія часы.

Усходны абрад накінуў усяму Ўсходнаму Славянству ад Адрыятыку да Ноўгарада адну царкоўную пісьменнасьць. Пісьменнасьць гэта ў часы панаваньвя лаціны на Захадзе, давала Ўсходнаму славянству некатарую перавагу, але калі настаў час адраджэньня народных моваў у Зах. Эўропе, гэта еднасьць царкоўнай славяншчыны аказалася лішне зьвязуючай. Трэба было кождаму ў аддзельнасьці славянскаму народу, парваць з царкоўнай пісьменнасьцю і зьвярнуцца да жывых крыніц народнай мовы, але напор ворагаў праваслаўнай веры змушаў конфэсіянальна думаючых нашых прашчураў не разьдзяляцца а, наадварот, цясьней яднацца і ў мэтах самаабароны карыстацца адзінай пісьменнасьцю.

На крыўскіх землях славянская граматнасьць, ўбіраючы ў сябе лексычны матэр’ял з жывой народнай мовы, да XVI ст. здолела далёка адыйсьці ад мовы літургічных славянскіх кніг, прыбліжаючыся немаль саўсім да мовы крыўскага народу. І наша мова, дзякуючы натуральнай эволюцыі, вызвалілася б з ланцугоў славяншчыны, каб не змаганьне за веру, якое з надзвычайнай зацятасьцю разыгралася на нашых землях.

Змаганьне за адзіную для ўсяго Усходнага Славянства праваслаўную веру, падтрыманае ўсходнімі патрыархамі і маскоўскай дзяржаваю, павярнула разьвіцьцё нашай пісьменнай мовы назад, да царкоўнай славяншчыны, якая была прызвана мовай царквы і навукі для ўсяго праваслаўнага Славянства. Рашылі, што асобныя племянныя славянскія дыялекты ня ёсьць аддзельныя мовы, а адзічэўшыя і агрубеўшыя галіны „любезного“ і „суптельного языка словенского“. А дзеля гэтага трэба перавучыць народы славянскага Усходу на адзіную для ўсіх іх славянскую мову. Для гэтай мэты павінны былі служыць чысьленна закладаныя па нашым краю ніжэйшыя і вышэйшыя брацкія школы. У слаўных грэка-лаціна-рускіх школах народная мова служыла толькі памочным знадаббем да навучаньня ц.-славянскай мовы. У дадатку уставы гэтых школ вымагалі, каб „спудеи“ паміж сабой не гаварылі „простай“, г. зн., жывой народнай мовай, але толькі мовамі навукі: грэцкай, лацінскай, славянскай і (ў межах Рэчыпасполітай) польскай. У выніку, новыя пакаленьні навучаліся гаварыць барбарскай тарабаршчынай, якая, як успамін, захавалася дасягоньня ў украінскіх комэдыях у ролях вучоных дзячкоў. Мова гэта, наскрозь штучная, ня мела дапасаваньня ў практычным жыцьці. На соймах, сойміках, судох і ў войску, замест пагарджанай „простай“ мовы, пачынае штораз часьцей быць ужыванай мова польская, бо жыцьцё не магло быць нагнутым да надуманых тэорый, выкалыханых у манастырскіх кельях.

Трыумфальны паход польшчыны ў XVII ст. не саўсім слушна прыпісуюць адзіна дэнацыяналізатарскаму уплыву езуітаў і езуіцкіх школ: заслуга спольшчаньня вышэйшых кляс нашага грамадзянства можа быць ў роўнай меры прыпісана як езуітам, так і праваслаўным манастыром з іх брацкімі грэка-лаціна-рускімі школамі.

У пісьменнай-жа мове сталася эволюцыя ў другую старану. Ужо ў канцы XVI ст. Сьвятагорац у сваіх кнігах заклікаў:

„Книги церковныя всѣ уставы словенскимъ языкомъ друкуйте; сказую бо вамъ тайну великую, яко діаволъ толикую зависть имаетъ на словенскій язык, же ледво живъ отъ гнѣву… А то для того діаволъ на словенскій язык борбу тую мает, завеже есть плоднѣйшій одъ всихъ языковъ и Богу любезнѣйшій… Тако да знайте, як словенскій языкъ предъ Богомъ честнѣйшій есть и Отъ еллинскаго и латинска, же се не байки суть".

Ідучы на сустрэч духу часу і конфэсіональным вымогам, Мялеці Сматрыцкі ў 1618 годзе выдае сваю славянскую граматыку, якая павінна была, як пісалі ў маскоўскім выданьні гэтай граматыкі 1848 г., „паслужыць да паправы царкоўных кніг". Паправа царкоўных кніг адбывалася ня толькі ў Масковіі, але і ў нас, заступаючы ў кнігах царкоўных мову крыўскую, баўгарскай мовай маскоўскай рэдакцыі. Для прыкладу возьмем кнігу „О сакраментах".

Кутэінскае выданьне 1637 г.	*Чарнегаўскае выданьне 1717 г.*
Вопр. Которая есть форма того сакраменту, албо ли которыя словы совершают тую тайну?	*Вопр.* Кая форма, или совершеніе тоя тайны?

«Крывіч», № 10 (2), ліпень–снежань 1925 г., б. 78–81.

Рэзаць, кроіць, стругаць, кружаць

Правільнае ўжываньне аднасловаў надае выразістасьці і хараства мове, але нажаль у нас гэта не заўсёды перасьцерагаецца. Стыльнасьць мовы залежыць асабліва ад лёгічнага ўжываньня тэхнічных слоў. Асабліва часта ў паточнай мове бывае зьмяшаньне слоў „рэзаць“ і „кроіць“, калі гавораць аб кроеньні хлеба. „Рэзаць хлеб“, „нарэж хлеба“ – брыдкі барбарызм, якога належыцца ўнікаць.

Рэзаць, знача пацягаць нож ўзад і ўперад, націскаючы на аб'ект рэзаньня. Рэжуць барана на мяса, нажом дрэва, робячы ў ім зарубіну і г. п.

Кроіць, знача цягнуць нож па нечым мяккім і гэтым аддзяляць лусту ад цэлага. Кроячь хлеб на лусты ці скібы, кісель на талерцы і г. п. Ножніцамі тканіну такжа крояць, а ня рэжуць. Словы, „крайчы“ і „кравец“ служаць довадам таго, што хлеб і тканіну ня рэжуць, а кроюць.

Стругаць, знача аддзяляць ад цэлага стружку, тоненькую частачку. Стругаюць лучынку, палку, хочучы яе давясьці да пажаданай формы ці таўшчыні, алавок, прыгатаўляючы яго да пісаньня, і г. п.

Кружаць, знача кроіць нешта, што па адкроеньні дае кружкі; прыкладам, бацьвіньне, цыбулю, буракі кружаюць; а ня кроюць ці рэжуць.

«Крывіч», № 10 (2), ліпень–сьнежань 1925 г., б. 110.

Хто у каго запазычае?

Няма больш папулярнай і больш няпраўдзівай басьні, як басьня, на жаль вельмі дагэтуль пашыраная, аб польскай цывілізацыі на Беларусі. Паводле гэтай басьні да прыходу палякаў у Беларусь, быў тут край дзікі, а „простай“ мовай, якую польская цывілізацыя „ушляхэтніла“. Гэту басьню паўтараюць ня толькі польскія фальсіфікатары гісторыі тыпу бр. Студніцкіх, кс. Мацеевічаў, ды сьвежа спольшчаных Обстаў і Брукнэраў, але і расейскія вучоныя „казённай“ школы. Тым часам ход гістарычных падзей, гэты праўдзівы сьведка, нам адпавядае саўсім адваротнае.

Перада мной ляжыць кніжка аднаго з выдатнейшых польскіх вучоных Б. Хлебоўскага (Pisma Bronisława Chlebowskiego. T. 1, Studya historyczno-krytyczne z zakresu dziejów literatury, oświaty i sztuki polskiej, Warszawa 1912), пісьменьніка т.зв. рэалістычнай школы, якая ставіла сабе мэтай, адкінуўшы ўсякія басьні, абмежыцца праўдай, асабліва на полю пазнаньня сваей, польскай, гісторыі. І вось шты мы чытаем ў гэтага, стараючагася быць об'ектыўным, польскага вучонага аб найдаўнейшай гісторыі польскіх плямён.

„Беднасьць рэлігійных паняцьцяў і форм культу, якія відаць з нячысьленых зьменак, што сустрачаемо ў гістарычных помніках, а такжа з таго, што перахавалася ў народных песьнях і абычаях, як і з бедных астаткаў ў фігурах божышч і сьлядох сьвятынь, паказуе нам меру нізкой ступені умысловага развіцьця первабытных Палянаў і тлумачыць чаму яны ня вытварылі сваёй літэратуры і свайго мастацтва“... „У той жа час калі Сэрбы і Русь, ў далёка цяжэйшых варунках, перахавалі многія і цікавыя помнікі народнай творчасьці прадаўных часоў, чамуж Палякі павінны былі згубіць іх? Шпаркасьць і пышнасьць пазьнейшага розквіту пазваляе нам з большай лёгкасьцю прызнацца да ўбогасьці нашай першапачатковай культуры з часаў дахрысьціянскіх“ (стр. 14–15).

Гэткі абраз ляшскіх плямён у дахрысьціянскія часы. Польшча прыняла хрысьціянства з заходу ад немцаў і, паводле таго-ж Хлебоўскага (стр. 16), да XIII ст. нямела свайго польскага духавенства, чужаземнае-ж духавенства, пераважна немцы, ня зналі польскай мовы. „Найпышнейшымі помнікамі культуры гэтай эпохі, зьяўляюцца захаваныя дагэтуль монумэнтальныя рэшткі манастыроў“... „Тады як ад драўляных княжых гарадкоў не асталося і сьледу“... „Культурнае жыцьцё і пісьменніцкая дзейнасьць, гэтага, пераважна чужаземскага духавенства, не пасуе з яго матэрьяльнай і палітычнай сілай. Адцятае ад культурнага жыцьця заходу, між якого ўзрасло, бэнэдыктынцы і цыстэрьянцы забываюць у Польшчы аб сваёй асьветнай місіі і не адудзячуюцца барбарскаму краю за дастаткі, якімі ён іх абсыпае“... Калі што пісалася тады ў Польшчы – пісалася на лаціне. Першыя пісаныя па польску памятнікі, паходзяць з XIV ст. Але і гэты памятнікі (XIV і XV ст.) блізка ўсе, зрэшта ня чысьленныя – пераклады з чэскай мовы“.

Гэта той час, калі „малакультурная“ Беларусь пісала ўжо кнігі свае ў XI ст., – знача на 200 гадоў раней. Довадам служаць, захаваны да нашых часоў: «Супрасльскі рукапіс» XI ст., „Тураўскае Евангельле“ XI ст., і шм. іншых.

Да XIV ст., г.зн. да таго часу, калі палякі пачынаюць першыя пераклады з чэскай мовы на мову польскую, беларуская пісьменьнасьць мае ўжо сотні рожнародных кніг у сваей мове, і сотні рожнародных грамат пісаных па беларуску.

Для цікавасьці зраўняем мы мову польскую і беларускую з XV ст., як яны выяўляюцца, паводле помнікаў аднэй і другой літэратуры.

Прыклады польскай мовы возьмем з працы аднаго з лепшых знаўцоў польскай мовы Адама Крыньскага (Adam Antoni Kryński, Zabytki języka staropolskiego z wieku XIV-go, XV-go i początku XVI-go, Warszawa, 1918), у першы чарод, надрукаваны на 243 стр., польскі мілосны ліст, у якім, па інтымнаму характару найбольш павінен праяўляцца элемэнт народны.

Kacbyndczo ma namyleyszą vyecze eszy welykw bolesczy mamy mysiączy szawzdy o thobey (tak) przetho czebye proszą nyą raczymą zapomneczi le mą raczi szobe szobe przypyszaczy, vodnyw szyrdcza theffgo mą namileyszą. A Kachynczko Kachyncko thoczesz mą mą vdrączyla yszesz my, thy szgasyla plomeny tfey myloszczy. Jesus Maria N. R. J. Jacob.

Я праектаваў бы нашым палякуючым беларусам пераказаць сваімі славамі, што ў гэтым лісьце, пісаным бязспорнай польшчынай XV ст., гаворыцца? Думаю ня шмат будзе такіх, якія яго зразумеюць...

Але, можа гэта мова такая таму, што пісьмо сьвецкае, пісанае, можа, без належнага веданьня мовы. Для пэўнасьці возьмем песьню „Boga-Rodzica Dziewica“, адзін са слаўнейшых і старэйшых помнікаў польскай літэратуры (стр. 409).

Bogurodzica, dziewica, Bogiem sławiena Maryja!
U twego syna, Gospodzina, matko zwolena Maryja!
Zišci nam, spušci nam Kirielejson.

Twego dziela Krzciciela, bożyce,
Usłysz głosy, napełń myśli człowiecze.
Słysz modlitwę, jąż nosimy,
A dać raczy, jegoż prosimy,
A na świecie zbożny pobyt,
Po żywocie rajski przebyt.
Kirielejson.

Цяпер спробуем памесьціць побач два тэксты: польскі і беларускі легенды аб св. Аляксею.

Тэкст польскі (Kryński, Zabytki języka staropolskiego z wieku XIV-go, XV-go i początku XVI-go, стр. 421):

W rzymye gyedno panyą bilo,
Czosch bogv rado sluzilo,
A myął barszo, vyelky dwor,
Procz panosz trzisztba riczerzow,
Czo szą mv zawszdi słuczyli,
Zawszdi k yego stolu biły;
Cchowal gye na wyelebnosczy y na krasze,
Ymyął koszdy szwe szlothe paszy.
Cchowal szyrothy I wdowy,
Dal gym oszobne trzi stoly,
Za czwarthim pyelgrzymi gyedly,
Czy do bogą przywyedly.
Evfamyan gyemv dzano,
Wyelkyemv themv panv,
A zenye gyego dząno Aglias,
Tha była wboszthw w czas.

Тэкст беларускі („Выпісы з Беларускай літаратуры“ В. Ластоўскага (Вільня 1918)):

Святый Олексій был сыном Евфимляновым, мужа прешляхотного римлянина у дому цѢсарском перший, перад которым три тысячи детей стояло, которие снурами золотыми препоясовалися, а в рубіе шолкове облачалися. А тот Евфимлян был вельмы милосердный а на всяку днину у его дому тры столы убогім, сиротом, пергрымом і вдовам поставливаны, которим-же мужне служила его жона іменем Аглаяс, тогоже закону и тогож умыслу была.

Дзеля больш поўнага зраўнаньня літэратурнай мовы польскай і беларускай XV ст., прывядзем яшчэ пару адрыўкаў. Возьмем для прыкладу адрывак з арыгінальнага польскага пісьменства, не перакладного, прыкладам „Kazannia Jana z Szamotuł“ (Krynski, стр. 298–300), пісаныя між 1509 і 1918 г., а знача ўжо ў пачатках XVI ст.

O począсzyи maryey panny czysthey.

Tho slono zakladam wszythka czudna yestesz przyaczyolko moya a zmaza nyeyesth w thobye A wthych slovyech throyaka chwala panny maryey syą vyslavya gdzye movy vszytka czvdna yesthesz, bo kozda czvdnoszcz dusze rozvmney pochodzy od boga s pelnoszczy lasky A gdysz ona byla pelna lasky byla naczudnyeyscha, a to ysch nyetelko od ynszych grzechow ale thesz y od pyervorodnego byla oczyszczyona Wthora chwala syą vkazvye they panny gdy movy przyaczyolka moya bo ona od vyekow byla mathką bozą przeszrzana, Thrzeczyac hwala syą vypysvye gdzye moиу a zmaza nyeyesth wtoby dla vyelkyey chądogoszczy O kthorey pysacz bądą A tv pyerve pythanye czynyą.

Для беларускага прыкладу возьмем адрывак з рукапісу XV ст. «Мука Ісуса Хрыста», апублікаванага прафэсарам Перетцам (Выд. О-ва Любителей Русских Древностей СПб.)

Мука Господа нашого Ісуса Хрыста от переворотных жидов таким обычаем сталася ест. Колиж немилостивые, а окрутныя жидова, гадали о смерти Господа какобы его лстиве зымали да убили, але коли были вельми таемнае рады Юдаш убачыл тое да натыхмест притекл до них смѣле, без всякое боязни и рекл: я ведаю горазд вы чините, а которіе суть рады вашы. О Ісусе говорите, а радите, как бы моглт есте зымати и убити его".

Цікавы прыклад беларускай мовы дае пераклад з лацінскай мовы на беларускую „Вісьліцкага Статуту", зроблены каля 1438 г. (Прыведзен у праф. Янчука „Нарысы па гісторыі беларускай літэратуры". Менск, 1922 г.)

Миколай жаловал на Матѣя, ижъ ему, яко приятелю, коня позычыл здорового на дорогу, а коли же ему зася вернул, и тот конь хромал; а рекл тот Матѣй, ижъ ховал его, як же и своего властного, а не вѣдал тоѣ ему хромоты. Тогды мы сказуем: Матѣеви того коня 2 недѣли ховать, а будет здоровъ за тые 2 недѣли, ино добро, а не будеть здоровъ, имѣеть ся пріятельски росправить" (арт. 55).

З прыведзеных вышэй прыкладаў мы бачым, што: 1. Мову беларускую старых нашых памятнікаў можа кожды беларус зразумець без вялікай труднасьці, а знача за апошнія 400 гадоў наша мова не зьмяніла свайго характару. 2. Мова польская за гэты самы час зьмяніла свой характар і, асабліва, слоўнік, а дзеля гэтага, помнікі старога польскага пісьменства зразумелы толькі спэцыялістам, філалёгам.

Якія-ж чыньнікі аддалілі польскую мову ад мовы чэскай і ўплынулі на зьмену самога характару мовы? Адпоўведзь на гэта пастараемося даць вуснамі польскіх вучоных, якія так апавядаюць аб культуры Польшчы XV ст.

Сталіца Польшчы, «Кракаў у XV ст. робіцца інтэрнацыянальным вогнішчам культурнага жыцьця, адносін палітычных і targовых, зьбіраючы рожнаплямeнных вучоных і вучняў, мастакоў, рамесьнікаў і купцоў. Палякі, чэхі, русіны, сілезцы, немцы, вэнгры, італьянцы складаюцца на гэту мяшаніну паняцьцяў моваў, характараў і абычаяў і пабуждаюча ўплываць на розквіт польскай пісьменнасьці ў XVI ст. (Chebowski 23).

Але, аднак жа, гэта мяшаніна народнасьцяў і паняцьцяў ня выклікала творчага духа ў польскай нацыі, ня глядзячы на тое, што тут існавала вышэйшая вучомная установа Кракаўская акадэмія.

На гэта заважылі не пітомыя польскія чыннікі, а збліжэньне Польшчы спярша з Галічынай[3], пасля з Беларусьсю і Літвой.

„У той час калі прастарыя малапольскія гарады: Вісьліца, Сандомір, Стопніца, Корчын, Олькуш, і ў канцы сам Кракаў даюць ня чысьленных і зрэшта другарадных працаўнікоў, то маладыя (Для палякаў, не для галічан. Ю.В.) сялібы: Самбар, Пільсна, Санок, Ярслаў, Пераворск, Перамысьль і інш. славяцца цэлай грамадой гуманістаў, паэтаў, лекараш“ (Chebowski 27).

На сьвежым для палякаў грунце, пад уплывам старой, поўтысяча летняй, славяна Украінскай літэратуры, і пад уплывам чужой крыві – пачынаюць выходзіць геніі польскага адраджэньня. Прыкладам гэткія аснаўныя

[3]Галіцкія ўплывы на Польшчу пачаліся ад часаў польскага караля Казіміра (1340); беларускія ад Ягайлы (1386).

стаўпы польскага адраджэньня XVI ст., як Рэй і Ожэхоўскі, радзіліся на Украіне і з матак Украінак.

Тут, на Украіне, пачалося польскае адраджэньне XVI ст. „Вогнішчамі гэтага жыцьця былі двары багатых паноў: Замойскіх, Фірлеў, Лешчынскіх, Гэрбуртаў, Вішневецкіх і заможняй шляхты: Пшонкаў, Гарайскіх, а такжа гарады – Львоў і Люблін. Розквіт паэзіі польскай і лацінскай, акадэмія ў Замосьці (на Украіне), досьледы філолёгічныя і пераклады клясыкаў, падтрымліваныя Замойскім, рэчыпасполітая бабінская[4], розквіт кальвінізму і соціянізму, надворныя друкарні, якія закладаліся з мэтай рэлігійнай прапаганды, але якія служылі такжа мэтам асьветы і літэратуры (Дабраміль, Баранава, Лашчова)“.

Гэты украінскія ўплывы відаць на грунце тагочасных польскіх паэтаў, зложанай з Шаржынскага, Клёновіча, Шымановіча, Твардоўскага і Зімаровіча. Творчасьць іх разьвівалася сярод украінскай прыроды, а дзеля гэтага і:

„Народнасьць гэта (украінская) выступае на старонках твораў названай групы паэтаў у сымпатычным і, разам, даволі праўдным асьвятленьні. Гэтак у „Roxolanii“ як і ў „Sielankach“ Шымановіча і Зімаровіча, а навет у „Danfis“, паэты паказуюць нам рожныя староны жыцьця русінскага народу на асноведзі багатай прыроды і разквітшай культуры, якой яны забавязаны развіцьцём сваіх талентаў“ (Chebowski 29).

Але ня толькі паэты падлягалі ўплывам рускім (украінскім і беларускім), сьляды гэтых ўплываў відаць і на „групе зложанай з Папроцкага, Стрыйкоўскага[5], Горскіх, Красінскага, Гржэбскага“. (Chleb.) Сарбеўскі ў сваіх песьнях пераносіць свае ідэі і пачуцьці на грунт „Літоўскай Русі“. Бо адраджэньне польскае чэрпала жывучыя сокі ня толькі ў Галіцкай, але і ў „Літоўскай“ Русі. Дзе: „На разлеглых

[4]Братства лгуноў і фантастаў.

[5]Стрыкоўскі пісаў сваю „Кроніку Сармацііі Эўропэйскай“ у трох арыгіналах: лацінскім, беларускім і польскім. Рукапісны экземпляр беларускай кронікі Стрыйкоўскага, перахоўваецца у Петраградзкай публічнай бібліятэцы.

тэрыторыях В. Кн. Літоўскага культурнае жыцьцё паяўляецца і разьвіваецца, ў даўным ваяводзтве Новагрудзкім і Менскім. Вогнішчамі гэтага жыцьця былі калегіі езуіцкія, манастыры і двары багатых сямей: Радзівілаў, Сапегаў, Хрэбтовічаў, Хадкевічаў, Тышкевічаў" (Chleb.).

Прыкладная польшчына Берасьцейскай кальвінскай Бібліі, надрукаванай у гэтым горадзе Мікалаем Радзівілам, заўдзячуе сваю наўзорную польшчыну таму, што ў ліку колькідзесяці перакладчыкаў, блізка палавіна было ўраджэнцаў Русі, знаўшых добра як славянскую літэратуру, так і мясцавую народную мову.

Наўзорная польшчына Пятра Скаргі, які быў сьпярша рэктарам полацкім, а пазьней віленскай Акадэміі, таксама шліфавалася не ў Кракаве ці Познані, а ў Полацку і Вільні, не глядзя на тое што ён запярэчаў права на існаваньне „русінскай" мове.

Цікавую ўвагу робіць Хлебоўскі (стр. 32) аб Клёновічу: „Клёновіч становіцца паэтам толькі сярод прыгожай прыроды Чырвонай Русі (Украіны) і прыймае чынны уздзел у разквітаючым, ў канцы XVI ст., умысловым і літэратурным жыцьці. Вякапалінін (чытай – паляк) адзываецца ў ім толькі тады, калі цяжкія варункі гарадзкога жыцьця (купецтва і местцкі урад), стлуміўшы палёт фантазіі, далі перавагу першапачатковаму ўгрупаваньню паняцьцяў вынесеных з роднага краю" (Chleb. 32–33), словам, на роднай глебе ў яго знікае талент.

Чаму-ж на землях Украінскіх і Крыўскіх разквітаюць польскае адраджэньне і таленты, а ў самой Польшчы ўзгадоўваюцца толькі пасярэдныя здольнасьці? Хлебоўскі гэта тлумачыць вось чым:

„Перавага нямецкай стыхіі і нямецкай культуры ў гарадох, як – Лешна, Пазнань, а таксама і па магнацкіх дварох, якія ўтрымлівалі духоўнікаў, лекараў, вучыцяляў, музыкантаў, немцаў або анямечаных сілезцаў, мараўцаў, чэхаў, пастрымлівала разьвіцьцё націянальнай пісьменнасьці і літэратуры". (стр. 32).

Словам, заваяваная палякамі Галічына, а пасьля далучэньне да Польшчы Беларусі, зрабілі цывілізуючы ўплыў на палякаў. Польшча накінула Галічыне, а пасьля Люблінскай Уніі (1569) і Беларусі, формы дзяржаўнага ладу (дыктатура шляхты), але з боку мовы і культуры ўплыў украінскі і крыўскі на Польшчу быў такі вялікі, што ў якіх 200 гадоў, ад XIV да XV ст. утварылася аграмадная літэратура на асобнай „літэратурнай“ мове, якая і пасягоняшні дзень ня сходзіцца з ніводным польскім народным дыялектам, мова штучная, у склад якой ўвайшлі формы чэскія, беларускія і украінскія і аграмадны засаб чэскага, лацінскага, нямецкага і украінска-крыўскага лексычнага матэрьялу, што відаць нават з пабежнага зраўнаньня цяперашняй польскай мовы з мовай старой“.

Фонэтыка дыялектаў рускіх і польскай мовы у нашы часы акуратна устаноўлена; г. напр. і украінскай у беларускай мовах пануе поўнагалосьсе, нястача насавых гукаў, а насавыя гукі – характэрная азнака польскай мовы. Характар польскай мовы паказуе, што такія словы як: łuk, źubr, запазычаны з русінскіх моваў; бо ў польскай мове гэты словы павінны быць łąk, ząbr, hałas, sobor, sojusz, запазычаны ад нас. Гэтак сама запазычаны ад нас словы з цьвёрдым г, напр.: hulać, hultaj, holota, hruby, rubacha, rubaszny (з грубаха), bohater, hreczka, hospodar, hodi, hubka, druh, rozhowor, buhaj, hajdamak, hałas, hornostaj, hory, czerna. Бо ў польскай мове на мейсцы цьвёрдага г, павінна быць g. І наадварот некалькі польскіх слоў з польскім g увайшло ў беларускую мову, дзе яны, дзеля адрожненьня ад сваіх, і пісаліся даўней прах кг: кганак, кгрод.

Польскія словы radło, mydło адпавядаюць нашым – рало, мыла. І калі ў нас чуецца слова быдла, то яно польскага паходжаньня, што паказуе прыростак dło. Гэтак сама слова sielanka запазычанае, бо па польску павінна быць siedło (сяло), siedlce, siedlaczka, зраўняй – wies, wiesniaczka. Усе словы з прыросткам іч, овіч – panicz, krolewicz (старапольскае – panic, ojczyc, dziedzic, rodzic, krolewic) узяты ад нас.

І вось ў літэратуры польскага адраджэньня XVI ст. мы натыкаемося на такія украінскія і крыўска-беларускія словы: imienie, ułoženie, zakon, gospodin, gospoda, gospodza, žeńszczyna, rzecz (рѣчь), niedziela, łež (лож), lubezny, wen (вон), słza (сьляза), nielzia, kupia (купля), junoch, junoszka (junak, junaczka), młodziec (маладзец), nožny, ždać, wrzemie, brzemie (бярэмя), kłodnik w ciemnicy, pobiedrć, prytcza, szłom, przystaw, cyrkiew, cerkiew, sbór, pop, chrzebt, chrzybiet, dziewica, gęsli, gorze (гора), jęctwo (нятство, ятство), kaki, kako, lubic sie, miłosc, mołwa, myło, nynie, obiata (сл. обѣт), ostrow, piać, pienie, smrad, ssąd (сосуд), iskać, odiskać, isciec, piržwieniec (первенец), płoczczyna, posledni, skot, smieś, tesznica, tesznica (тошна), trzem (церам), wieliki, zapad, zaszczycic (зашчыціць), zaszczytca, zelie, znamienity, zwąk, zwięk (зьвяк), žądny (жадны), žyzń, žyznosć, jętry, jątrew (ятроўка), świekry želw, želwica, žolwica (залоўка), dziewierz, ćma (тьма), wiodro, robionek, prok (стар. прашча, порок, польск. proca), posuły, utolic, źmieńnik, rzewniwy, pisany (malowany), rozbojca, najmit, bies, і г.д. і г.д.

Акром гэтага: narocznie, oberwaniec, rąbież, dzwierze, niewiasta, szczuka, ždać, sulica, rohatyna. (Сьпісак гэты узяты мной з кнігі «Славяне ихъ взаимныя отношенія и связи» / Первольф Т. III. Ч. II. стр. 35–46).

Прыведзеныя вышэй словы далёка не вычэрпуюць польскіх запазычаньняў з беларускай і украінскай моваў, бо на гэта трэба было-бы пасьвяціць шмат месца. У адным слоўніку Ліндэ (Linde, Słownik języka polskiego), іх налічваецца да 10.000 разам з выводнімі. Там, у Ліндэ, ў ліку польскіх слоў знаходзяцца і такія, як: rupiało, kousz і г.п.

Мы вышэй бачылі, з прыведзеных сказаў Хлебоўскага, што польскае адраджэньне чэрпала жывыя сокі з Русі. Упамянута было аб Берасьцейскай Бібліі, выданай у 1563-м гаду, Мікалаем Радзівілам, над перакладам якой працавалі ў значнай меры Русіны. Цяпер трэба нам прыпомніць, што ад абраньня Ягайлы на караля польскага, ў Кракаве пачала функцыянаваць яго прыбочная, літоўская канцалярыя, якая пісала ўсе дакументы на беларуску, і, што, пераходзячы ад лаціны і нямеччыны да пісаньня ў сваей мове, палякі бралі жыўцом формы дакумантаў, юрыдычныя тэрміны і сказы з беларускай мовы. Урэшце прыпомнім пераклад Статуту Вял. Кн. Літоўскага з беларускай мовы на польскую, і тое, што тэрміналёгія беларуская была ўзята да польскага перакладу жыўцом у мову польскую.

Узяўшы ўсё гэта пад увагу мы зразумеем які аграмадны запас лексычнага беларускага і украінскага матэрьялу быў прысвомлены палякамі ў працягу, ад XIV да XVII ст. Але польскія запазычаньні на XVII ст. не спыніліся. І у XVIII ст. найбольшы культурны уклад ў польскую літэратуру зрабілі людзі ўзгадаваныя ў нашым краю. Чыж, Kończa, Korotynski, Iżycki, Sakowicz, кс. Сямяшка (Мовы Cicerona, Wilno 1781), кс. А. Толочка (другі пераклад прамоў Цыцэрона 1778, 2 томы), кс. Борэйка (выдаў аб красамоўстве з кніг Ціцэрона 1763), кс. Пільхоўскі (даў пераклад Сэнэкі: O krótkóści życia, 1771; O łaskawosci I gniewie, 1775–1782, Listy 1781, 4 томы), Сыруць пераклаў прамовы Квінтыльяна (1769–71, 2 томы), Салюсьціяна пераклаў спамянуты ўжо кс. Пільхоўскі (Wilno 1767), Голяньскі (выдаў 4 т. Плютарха), Нагурскі с Піншчыны пераклаў Дэмостэна (Варшава 1774), Гомэра і Віргілія, Dzieje Aleksandra W. Kurciusza (выданы ў Несьвіжы 1763, 3 томы), Historya rzymska Frorusa (Вільня 1790 г.).

Кожды з гэтых перакладчыкаў, а яны-ж пісалі і арыгінальныя рэчы, абруч чэрпалі лексычны матэр'ял з акружаючай іх народнай беларускай стыхіі.

Найбольшыя захваты беларускага лексычнага матэрьялу ў польскую мову прыпадаюць на XIX ст., калі палякі, утраціўшы палітычную незалежнасьць і будучы разьдзелены на тры часьці, паставілі сабе сьвядома заданьне, у мэтах зьліжэньня ўсіх быўшых ў межах Польшчы зямель, лучыць іх на грунце адзінай літэратуры. А дзеля гэтага пастаноўлена было дасканаліць польскую мову пры помачы „правінцыялізмаў". Як ведама найбольшы лік польскіх пісьменьнікаў XIX ст. былі родам з Беларусі, пачынаючы ад Богамольца, Агрызкі, Каранеўскага да Міцкевіча, Сыракомлі, Крашэўскага, Быкоўскага, Чэчота, Даніловіча, Глінскага, Ельскага, Ходзькі, Карловіча, Кіркара і канчаючы Оржэшковай і цэлай плеядай навейшых пісьменьнікаў.

Спэнцар кажа, што найбольш вычурны пісьменьнік ужывае ня больш 12.000 слоў, з беларускай-жа мовы у польскую перайшло больш чым у трая болей гэтай лічбы слоў. Дык ня дзіва, што польская мова прыблізілася да беларускай формамі і слоўнікам, але тут не беларусы запазычылі ад палякаў, а наадварот – палякі бралі у нас; ня мы іхнімі славарнымі багацьцямі карыстаемося, а наадварот – яны нашымі. Хоць за 500 летняе сужывецтва і ў нашу мову уашло шмат польскіх слоў.

Усё вышэйсказанае не навіна, ведама гэта ўсім філолёгам, але прамаўчываецца, або з палітычных мэт шырыцца ў масах, сярод народу, навыварат, асабліва карыстаючыся з цемнаты тых якія слухаюць. Вазьміце сягоньня усе беларускія і украінскія словы з польскай мовы і з яе ападзе ўся краса, астанецца яна як голае дрэва ў восень.

Мала таго, яна адразу страшэнна аддаліцца ад беларускай і украінскай моваў і прыблізіцца да чэскай, стане, як і ў XIV–XV ст., дыялектам чэскім.

«Крывіч», № 6, сьнежань 1923, б. 24–31.

Карэнь „гал“ і выводныя ад яго словы і паняцьці ў крыўскай мове

ГАЛ, голае мейсца сярод лесу; прагаліна, плеш, мейсца ў лесе праз якое прасьвечаецца даль; прога, не загароджанае мейсца ў плоце для ўезду.

ГАЛЫ, зад, акруглаці на задку: „Задраўшы ногі паказуе свае галы“. „На галах не паедзеш“ (Насовіч).

ГАЛОТА, людзі голыя, галышы; галцяй, басота, бадзяка, (рас.: „бродяга“); галень, зьдзерты венік; галутвенік, вечны галыш.

ГАЛЬ, хцівасьць, пажадлівасьць чужога; галіць, пабуджаць у кім лачнасьць, пажадлівасьць; га́ліцца, квапіцца (рас.: „зариться“), парываецца ў пагоні за нечым. „Паталіўся на чужое дабро“. „Галіцца і сам ня ведае на што“. (Насовіч); спагальны, паквапны, загальны які выклікае пажадлівасьць, кваплівасьць, хцівасьць: „Загальная зямелька“. „Загальны інтэрас, купля“; знача такія, што вызываюць галеньне, галь, паквапнасьць; узгаліцца (Насовіч: „вгалицьца“) запаліцца хцівасьцю; спагаля, з поквапу, з хцівасьці, з парыву; загал, паквапнаць.

ГАЛУЗЫ, зайздросныя, завідныя вочы; галузаваць, глядзець завідна і непрыязна; непрыязна аглядаць, крытыкаваць (іграць) вачыма; вырабляцца дурэючы; злосна насьміхацца; галуза, шкоднік, завідлівец.

АГАЛЬНЫ, нахрапны і непрыязны; агіляцца, ўнікаць працы, гультаіць: „Не час дрэмаці ні агіляцца, але за жніва трэба ўжо брацца“ (Стары Ўлас „Год Беларуса“).

АГАЛЦЕЛЫ, памяшаны, дурны; хто ўтраціў прытомнасьць, сьвядомасьць сваіх чынаў.

ГАЛЕКАЦЬ, крычаць; галакаць, гаварыць крыкліва.

ГАЛАМЕНЬ, пень дрэва, ад каранёў да першых сукоў (рас.: „ствол“); галіна, рамо дрэва ў яго кароне.

«Крывіч», № 1 (11), студзень–чэрвень 1926 г., б. 109–110.

Эпітэт сьмерці „Кастуся“

Кожды дасьледчык міталёгіі павінен лічыцца з тым, што імёны мітычных асоб зьяўляюцца акрэсьленьнямі-эпітэтамі і што кождая мітычная постаць мела іх па некалькі. Гэта пацьвярджае нам індуская міталёгія, якая захавала ў сваей прадаўнай пісьменнасьці многія эпітэты мітычных постацей. Прыкладам Індра (па нашаму Пярун) мае некалькі дзесяткаў эпітэтаў, каторыя акрэсьляюць яго сілу, мужства, ласкавасьць да людзей, будзіцеля прыроды, валадара маланак і інш.

Падобна гэтаму мітычная істота, якая увасабляла постаць сьмерці і нябыту, ў крыўскім фольклёры дахавала некалькі эпітэтаў, якія характэрызуюць яе даволі ўсестаронна. Да гэткіх належаць „Баба-Юга“, або проста „Югася“ (прыносіць зіму і завеі, рас.: „вьюги“), „Мара“, „Сьмерць“ (валадарка „мораку“, цемні, нябыту) і ўрэшце „Кастуся“ (якая не мае цела, а толькі адны косьці, зраўняй прыказку „Баба-Юга, касьцяная нага“). Кожды з гэтых эпітэтаў акружаны ў народным фольклёры цэлым цыклям легенд-мітаў або забабонаў, якія падробна і ўсестаронна характэрызуюць мітычную постаць сьмерці. Падобна як страшному Лесавіку, народ надаў, з боязьні, каб не ўкваліць яго, эпітэт „Дабрахот“, гэтак і да эпітэту сьмерці „Кастуся“ дадаюць яшчэ з боязьні, другое акрэсьленьне яе – Ласкавая: „Ласкавая Кастуся“. Вера ў тое, што названая сваім уласным імем мітычная істота можа мсціцца, прымушала первабытнага чалавека ўласныя імёны заступаць эпітэтамі. Дзякуючы веры ў сілу слова і ў сілу высказанага імені, жыды цяпер ня ведаюць як вымаўляецца імя Бога, хоць напісаньне яго ведаюць – Адонай[6]. „Іегова“ – гэта ня імёны, а толькі эпітэты. Эпітэты, замест імён, вельмі разпашыраны ў нашым фольклёры ня толькі ў стасунку да сьмерці, ці Лясавіка, але такжа і да другіх істот. Прыкладам наш селянін імя агонь заступае эпітэтамі: „сьвятло“, „цяпло“, „багач“, „багацьце“ (жар). Іскру называе „зьнічка“ (параўняй: „Зьніч“, названьне сьвятога агня). Чорта называе „той“, „гэны“, „нячысьцік“, Нават чыннасьць нагрэваньня дравамі печы не гаворым мы „паліць у печы“, але „тапіць“ (бытцам кідаць агонь у ваду), „цепліць“, хоць ужо ня верым, што ад вымаўленага слова, „паліць“, можа запаліцца хата.

З другой-жа стараны эпітэт падаваны сьмерці нашым народам „Ласкавая-Кастуся“ характэрызуе глыбока-філёзофічны погляд нашага народу на сьмерць, каторая прыймаецца ў некатарых здарэньнях, не як страх і зло, а як вышэйшая ласкавасьць. Каб дайсьці да гэткай характэрыстыкі сьмерці на гэта трэба быць народам з дужа старой культурай і з вельмі яркімі перажываньнямі ў мінуўшчыне, якімі і запраўды могуць пахваліцца адзіна Крывічы на славянскім усходзе.

«Крывіч», № 1 (11), студзень–чэрвень 1926 г., б. 107.

---

[6]Адонай – эпітэт, сходны з імёнамі: Адоніс, Одын і Доннэр (Пярун). Адонай на Сынайскай гарэ паказаўся Майсею ў громе і маланках

Аб слове мурава

Кажуць у нас „траўка мураўка“, „мурог“, „мурожнае сена“. Паясьняюць гэтыя словы діялекты ноўгародзкай і пскоўскай губэрняў. У ноўгародзкай кажуць муравый для акрэсьленьня залёнага колеру і мурава замест нашага – трава. У пскоўскай губэрні кажуць мур аб веснавым месяцы, калі поле пакрываецца зеленьню, пераважна аб травені месяцы (Потебня „О нѣк. символ. въ нар поэзіі“, б. 38). Знача „траўка мураўка“ азначае зялёная траўка, а „мурог“, проста зелень, пераважна зелень травы.

«Крывіч», № 1 (11), студзень–чэрвень 1926 г., б. 110–111.

Якімі наіўнымі спосабамі польскія прафэсары полёнізуюць Вільню

За час цяперашняй польскай окупаціі надрукавана некалькі новых праваднікоў па Вільні. З паміж прафэсароў (палякаў) Віленскага унівэрсытэту ёсьць некатарыя, якія лічацца ўжо спэціялістамі па знаньню гісторыі старой Вільні (паводле тэксту праваднікоў), прыкл. праф. Ю. Клос, і дзеля гэтага ім даручаецца абводзіць экскурсіі і даваць тлумачэньні. Дзіўнага, ў тлумачэньні гісторыі старой Вільні, прыходзіцца экскурсантам выслухаць не мала, ў апраўданьне далучэньня гэтага гораду да Польшчы. Але якой вартасьці аргуманты даюць польскія прафэсары, хай паслужыць, з массы падобных, пара ніжэйпрыведзеных прыкладаў.

Праходзіць экскурсія па вуліцы Субач. Прафэсар спыняецца і тлумачыць: Вуліца гэта называецца Субач, таму, што ў даўныя часы, праз браму, якая была на гэтай вуліцы, прыяжджалі ў горад сабакаловы, і, от, ад сабак, вуліца гэта атрымала назоў Сабачай, або скарочана Субач“.

Праходзячы праз вулачку, званую Скапоўка, прафэсар тлумачыць: Вуліца гэта названа Скапоўка, таму, што тут трымалі скопаў г. зн. баранаў (па польску skop – лягчоны баран) у агароджы, для каралеўскага стала.

Мне некалькі годаў таму назад прышлося чуць з вуст прадстаўніка другіх акупантаў, вучыцеля расійскай гімназіі, тлумачэньне назовы Скапоўка, бытцам яно пайшло ад таго, што на гэтай вуліцы ў часы Івана Грознага сяліліся сэктанты скапцы, якія ўцяклі ад прасьледаваньня з Масковіі.

Першы і другі прыклады сьведчаць як цяжка чужым людзям разабрацца ў мясцовым імязоўніцтве і гісторыі.

Бо назоў Субач трудна зразумець таму, хто не знае мяйсцовай мовы, якая ў даным здарэньні зьяўляецца ключом да тлумачэньня гэтага слова. Слова субоч вытварылася падобна як сукос, суплеч, суклон, сустаў, а знача яно выражае, што даная вуліца зьяўляецца бакавой, пабочнай, субочнай, збочнай, у старане ад цэнтру, ці мо таму што ляжыць яна на збочы гары.

Так сама назоў вуліцы Скапоўка нямае нічога супольнага ні са скапцамі ні з баранамі. Гэта прастары мясцовы назоў пляцу на якім адбываліся копныя суды і скопы, т. зн. масавыя народныя сабраньні. Крыўская народная і песенная мова, слова гэтае, захавала ў тым-жа значэньні, прыклалам:

Сабраліся паны, ксяндзы, архірэі,
Архірэі, бальшая скопа,

(Рогачоўск. пав. Романов.
„Бел. Сборн.“ т. VIII–IX, б. 172).

Сэрбы называюць свой парлямант „скупшчына“. Нашы селяне, калі мае адбыцца селянскае сабраньне пад кіравецтвам вясковай старшызны, называюць такое сабраньне „збор“, „сход“, а калі сойдзецца сабраньне прыпадковае, прыкладам з прычыны якой колечы раптоўнай падзеі, то такое сабраньне называюць „скапа̀“, ў перакладзе на чужаземскую мову, гэта другая адмена сабраньня будзе называцца мітынг. Такое значэньне мае слова „скапа“ цяпер, даўней-жа, праўдапападобна, скапой называліся сабраньні афіціяльныя. Віленская скапоўка, якая ляжыць каля самага княжага замку, была пляцам, на каторым адбываліся княжыя суды (княжая капа), дзе скуплялася, г. зн. зьбіралася войска і іншыя народныя зборы.

Каб уходзіць у людзкіх вачох за паважных людзей, няшкодзіла-бы віленскім польскім прафэсаром пазнаёміцца з краёвай мовай і гісторыяй, а не займацца хітрымі імпровізаціямі.

«Крывіч», № 1 (11), студзень–чэрвень 1926 г., б. 112–113.

Матэр'ялы да слоўніка беларускай (крывічанскай) мовы

Ахалона, (рас. прохлада, остужденіе, охлажденіе). „Каб ён ў пекле ні спачыўку, ні ахалоны не зазнаў". „Пашукай сабе ў засяні ахалоны ад сьпякоты". (Лідзкі п.).

Ахалонь, „Ахалонь ты яго запальчывасьць".

Брынды, абрыўкі па абрубцы, аблямоўцы вопраткі, злашча падала.

Брындацца, баўтацца, таўчыся бяз толку.

Брындушка, прыпеўка непрыстойнага пустога, або жартаўлівага зьместу (Лідзкі пав. каля Бутрыманцаў).

Брыкілдасы, выбрыкі. (Еўя, Троцк. пав.).

Барава, баравіна, дрэва сосна. (Брасл. пав.).

Выяўна, (рас. внятно) „Цераз раку выяўна чуваць гаворку". (Троцкі пав.).

Вылецьце. „Купцы нейкія сёлета прыехалі да нас на вылецьце". (Еўя, Троцк. п.)

Вылюдак (рас. изверг) „Ты толькі паглядзі як гэты вылюдак жонку бье".

Выталупіў (рас. выпялил), „Выталупіў вочы і глядзіць". „Чаго талопішся, як баран на белыя вароты?"

Вызванец (рас. изгой), „Вызванца гэтага не пускай у хату". „Ксёндз з амбоніі ізноў вызываў Кастуся за гіцлёўствы яго з дзеўкамі". (Еўя, Троцк. пав.)

Гойдаць (рас., качать), „Ня гойдай нагамі пад сталом!" „Вецяр узьняўся і наш паром пачаў па вадзе гойдацца". (Еўя, Троцк. пав.).

Галбан (рас. камедь). „Сёлета на вішнях многа галбану панацякала". Ня „гумарабік", а галбан-жа гэта". (Еўя, Троцк. п.).

Гапанцы, падскокі ў танцах.

Гапілдасы, скокі, танцы. „Яму толькі танцы ды ўсякія гапілдасы ў галаве".

Гапатун, танцор, гуляка. „Парабак гапатун, а гаспадар пьяніца".

Гопаты, танцы, гулянкі. „Аднаму гопаты, а другому клопаты". Дзяцюку толькі гопаты ў галаве".

Гапатня. „Такі там гвалт, такая гапатня, што ажно столь ходырам ходзіць".

Гапані. „Гапані ты ў крамку, прынясі солі". (Усе адмены гэтага слова з Еўя, Троцк. пав.).

Гоба, дрэва – вяз. „У насуканцы поля гоба расьце", „Гобай" і нават „галобай" называюць вяз у Слонімшчыне.

Дзыніць, працягла зьвініць. „Ціха ў хаце, толькі мухі дзыняць". „Ударылі ў звон раз і ён доўга, доўга дзыніць". (Лідзкі пав., каля Бутрыманцаў).

Дзетамля (рас. детвора) „Дзетамлі повен запечак". „Бач, як дзетамля наша разбазыкалася". (Лідзкі, пав., каля Бутр.).

Згоптаць (рас. стибрить). „Дай яму грошы, то або згубіць або згоптаець". (Еўя, Троцк. п.).

Ізва, назоў, мяно. „Ізва яго нейкая сьмяшная". „Знаць яго то знаю, але ізвы не прыпомню". (Еўя, Троцк. п).

Корць, (рас. влеченіе). „Глядзі ты на гэтага блазна: ён ужо да дзевак корць мае". (Еўя, Троцк. пав.).

Калатацца, таўчыся, стукацца. „Сэрца ўжо не калатаецца". „Ледзь душа калатаецца ў целі". (Лідзкі пав.).

Кармач, хатыль, заплечная торба, ранец, кішэнь. „Узаў кій у рукі ды кармач за плечы“. „Порткі з кармачамі пашыў сабе“. (Лідзкі пав.).

Кнібіць, (польск. „gnębić“) прыгнятаць, прыцясьняць. (Лідзкі лав).

Кукры, згіб задніх ног у чатырохногіх (супроць кален у пярэдніх нагах). „Сядзіць як сабака на кукрах“. (Дусяты, Браслаўск. пав.).

Кепснуць, блажэць (рас. „плошать“). (Брасл. пав.).

Кукуць, сьвінтух. (Браслаўск. і Дзісенск. п.).

Куклаць, комкаць, зьвіваць. „Не куклай адзежы ў скрыні“. Дзіцяці скуклаць ня ўмее“. (Браслаўскі п. Дусяты).

Кулда, кулдыга, балдавешка. (Еўя, Троцк. п.).

Латылі, лапіны. „Увесь армяк у латылёх“. (Браслаўск. пав.).

Маніцца, думае, гадае. „Дзясята цяліца маніцца цяліцца“ (Еўя, Троцк. пав.).

Мязьдзюры, пры сырамалоце, або таўчэньні расплюшчаныя зярнаты. (Еўя, Троцк. п.).

Пайсаць, Калі насьцелюць для маладзьбы на таку „пасьцель скапоў“, то іх „разпясуюць“ бьючы па пярэвяслах цапом; гэта чыннасьць называецца „пайсаць снапы“. Гэтак сама ўсыпаўшы ў ступу ячмень на пансак, перш чым таўчы моцна ўдараючы, раней яго злягка „пайсаюць“ таўкачамі, пакуль не пачнуць лушчыцца ашакі (Браслаўскі пав.).

Раскукраць, распрастаць скукярэчанае. (Браслаўскі і Лідзкі пав.).

Спакваля, памалу, зьлягка.

Спакволя, рас. „послабка“. (Лідзкі п.).

Слосьць, макрата, волага. (Лідзкі п.).

Слосьціць, мачыць, вільжыць. „Наслосьцілі падлогу сьнег атрасаючы“. „Дожд прамачыў, а толькі паслосьціў зямлю“. „Па вокнах слосьць рагамі сьцякае“. (Лідзкі пав., каля Бутрым.).

Ствіга, каромясла ў вагах (рас. рычаг), (Лідзкі пав.). Каля Картуз-Бярозы „ствігай“ называюць жэрдзь („парубень“) да прыціісканьня сена.

`Сігень`, скок. „Ажно ён, сігень! за плот". (Еўя, Троцк. пав.).

`Торгаць`, (рас. дергать). „Перад скананьнем пачала яго канвульсія торгаць".

`Талупіцца`, (рас. топорщиться, вздыматься, пялиться), „Калі спадніца талупіцца, скора замуж выйдзё". „Кажух пачаў талупіцца, як перамок на дажджы". (Троцкі пав., Еўя).

`Шамраць`, голасна шаптаць, наракаць (рас. „роптать"). „Пачаў народ шамраць, наракаючы" (Лідзкі пав.).

`Шэмяр`, голасны шэпт, пошум. „Шэмяр лісьця на дрэвах". (Лідзкі п.).

`Шамшура`, завушнік, які нашэптуе на другіх, падбурае спадцішка. (Лідзкі п.).

`Ясмен`, ясны. „Па узьнебы ясьмен сакол лятае, сы палёту дробных пташак выбірае". (Лідзкі пав.).

`Вірліць`, круціцца так шпарка, што робіць ўражаньне адналітнага круга. „Аж вірліць у ваччу". (Лідзкі пав.). Вада ў віры „вірліць" і верацяно ў руках.

`Візны`, відочны, казісты. „Наш касьцёл здалёк візны". (Лідзкі пав.).

`Гізчэць`, выдаваць скрыпучыя, працяглыя гукі. (Лідзкі пав.).

`Гізок` (изок?), назоў польнага коніка (Лідзкі пав., каля Бутрыманцаў).

`Вятліца`, ветка. (Еўя, Троцкі п.).

`Велясны`, многі, вялічэзны. „Велясны сьвет прайшоў ён". „Велясны збор народу быў на кірмашы", (Лідзкі пав.).

`Холань`, холад. „Холаньню восень павеяла". „Крынічная холань вадзіцы". (Лідзкі пав.).

`Задзьвянік`, „другі чалесьнік у усьцях печы" (Лідзкі пав.).

`Сіцяк`, малалетак які сьсе сіську, сысун. (Лідзкі пав.).

`Сіцянцы`, сысуны.

`Вокля`, круглы прарэз у шчыце дому; не зашклёнае круглае ваконца ў шчыце, або ў дзьвярох. (Лідзкі пав.).

`Уезьніца`, стадола, заезд. (Браслаўскі пав.).

Уша, клёпка з вухом да ушата, даўжэйшая ад іншых. (Лідзкі пав.).

Спакма, (інтуітыўна?). „Спакма здагадаўся, што ён думае“. „Ня думаў не гадаў, а спакма так сказаў“. „Спакма ўгадаў“. „Стары бацюшка бывала з кнігі чытаў, а новы ўсё спакма гавора“. (Лідзкі пав., каля Бутрыманцаў).

Спакмець, зразумець, здагадацца (рас. смекнуть).

«Крывіч», № 12, ліпень 1926 – сакавік 1927 г., б. 111–113.

У справе рэформы кірылаўскае азбукі

Рэвізія ўжыванай у нашай пісьменнасьці кірылаўскай азбукі, безумоўна справа ўжо даўно насьпеўшая.

Абасьпечаньне літэратурнай мове варункаў здаровага разьвіцьця ў значнай меры залежыць ад добрага дапасаваньня пісьменных знакаў да гукаў жывой мовы і ўстаноўленьня, згоднага з фонэтыкай і гісторыяй, правапісма. Ад гэтых двох аснаўных момантаў залежыць найважнейшае ў жыцьці мовы, а ласьне – магчымасьць дасканаліцца ей у кірунку стройнасьці і мілагучнасьці.

Людзкая мова ёсьць явішча ня толькі анатомічна-фізычнае, але такжа *духовае, псыхічнае*. Гук з пункту гледжаньня фізыкі і з пункту гледжаньня граматыкі – гэта дзьве саўсім рожныя справы.

Гук людзкой мовы перадаецца на пісьме прынятымі знакамі – літарамі. Літары ў свой чарод маюць дзьве стараны – зьнешную і ўнутраную. Зьнешная – гэта іх форма (фігура), ўнутраная старана пісьменных знакаў, гэта іх стылізацыя і гісторыя. Як зьнешная так і ўнутранная староны літар маюць зьвязь з псыхікай чытача.

Паложаная ў аснову крывічанскай (беларускай) пісьменнасьці кірылаўская азбука ў яе „гражданскай“, ці больш правільна рэнэсансавай стылізацыі пры рэформе, а не рэволюціі, не вымагае замены на якую колечы іншую (скажам лацінскую) азбуку. Пераход безмала тысячалетняй крывічанскай пісьменнасьці на другую азбуку, гэта „царскае сячэньне“ на якое можна наражаць толькі хворы аб'ект, калі ён знаходзіцца паміж жыцьцём і сьмерцю. Здаровы арганізм нашай адраджаючайся пісьменнасьці няможна наражаць на непатрэбную яму „опэрацію“, бо гэта аслабіла-бы малады і поўны энэргічнага разросту арганізм, прывяло-бы яго да немінучага цяжкога занепаду і да неаблічальных у скутках комплікацый.

Затое, як вышэй было сказана, рэвізія кірылаўскай азбукі, дзеля лепшага яе дапасаваньня да гукаў жывой мовы і новачаснай пісьменнасьці, ёсьць адно з найпільнейшых бягучых заданьняў нашага мовазнаўства. Маладая ростка з тысячалетняга пня сільна і здарова буяе, але вымагае ад навукі, як ад добрага садоўніка, каб апошняя выправіла і афармавала каронку, каб у будучыне дрэва расло ня толькі магутна але і стройна.

Кождая літара зьяўляецца *умоўным* знакам для перадачы гуку жывой мовы; яна, бяручы фізычна, не перадае і ня можа перадаць усіх адценкаў і вібрацій голасу пры зьменах, якія наступаюць калі мы вымаўляем словы; пісомы знак, на мове граматыкі, *гэта толькі прадстаўленьне аб даным гуку, або групе жывых гукаў*. Напісаны намі, прыкладам, знак „а“ служыць для абазначаньня цэлай гаммы блізкіх яму гукаў а^{о}, а^{е}, а^{ё}, а^{і}, а^{ы}.

Такі самы характар маюць і ўсе іншыя галосныя літары. Прыкладам мы ўжываем цяпер для абазначаньня „ітавых“ гукаў тры літары: *і, й, ы*; і гэта не знача, што паказанымі трымя знакамі вычэрпуецца ўся гамма „ітавых“ гукаў якія маюцца ў нашай мове: для аднаго ўмоўнага „і“, каб вычарпаць усе яго адценкі ў жывой мове патрэба былобы 6–7 знакаў.

Гісторыя разьвіцьця пісьменнасьці паказуе нам, што ў першапачатным герогліфічным пісьме ўжывалася надта многа, цэлыя тысячы знакаў. Гукавое пісьмо, зьменшыўшы лік знакаў, патрэбных для перадачы паняцьцяў, а гэтым самым аблягчыўшы граматнасьць, лёгка выціснула гэрогліфічнае пісьмо. У меру поступу цывілізацыі тэхніка пісьма дасканалілася, і, разам з гэтым, лік літар стала памяншаўся ва ўсіх азбуках. Прыкладам, старaславянскае пісьмо патрэбавала больш літар чым „гражданка“, а гражданка, ў свой чарод, імкнецца да рэдукаваньня ўжываных ею знакаў. Чым меншая азбука тым лягчэй навучыцца пісаць і менш завілай становіцца граматыка.

З паміж знакаў нашай азбукі ў першы чарод павінна быць перарэформавана група галосных літар. Гэтых літар цяпер маецца дванадцаць: *а, о, у, ў, е, ё, э, і, й, ы, ю, я*; падзяляюцца яны на цьвёрдыя (*а, э, ы, о, у*), мяккія (*я, е, ё, ю, і*) і поўгалосныя (*й, ў*). Цьвёрдыя галосныя (акром замены *э* на *е*) ніякай перапраўкі не патрабуюць; „мяккія“ ж, якія распадаюцца на тры группы „ітавых“ (і, ы), „іотаваных“ (я, е, ё, ю), а такжа „кароткіх“ (й, ў), павінны быць перагледжаны. Найперш затрымаем мы сваю ўвагу на т. зв. „іотаваных“.

Группа „іотаваных“ знакаў зьяўляецца ў нас такім самым перажыткам, як у расійскай азбуцы, да нядаўна яшчэ, былі *ѣ, ъ*, а раней *ѳ, ѵ* і каторыя саўсім слушна цяпер выкінуты з азбукі. Ад нестачы павыжшых знакаў расійская азбука і пісьменнасьць ня толькі нічога не страцілі, але значна выйгралі. У нашай азбуцы „іотаваныя“ знакі непатрэбны баляст, які перашкаджае ў навуцы пісьма і награмаджае лішнія труднасьці ў правапісьме; ў дадатку тушуе фонэтыку жывой мовы, а ласьне галосныя дыфтонгі.

Ва ўсіх старaславянскіх рукапісах, на мейсцы *я, ю, е* мы знаходзім ꙗ, ю, ѥ, г. зн. падвойныя літары, злучаныя, зьвязаныя паміж сабой тоненькай рыскай, а ёсьць некатарыя рукапісы XII–XIII ст., дзе „і“ нават рыскай не прылучана да чародных *а, о, е*. На гэтай падставе вядомы нямецкі славіст, праф. Абіхт, утрымліваў, што першавучыцялі славянскія Кірыл і Міфод, у зложанай імі славянскай азбуцы, не ўстанавілі вязаных літар, што вязаныя славянскія літары ёсьць вытвар не граматыкаў, а, галоўна, перапісчыкаў кніг, каліграфаў, каторыя любілі вязаць літары імкнучыся да аздобнасьці пісьма. Перапісчыкі вязалі ў адну фігуру ня толькі часта побач сустрачаныя „іотаваныя", але такжа і другія літары, прыкладам: *ть, тъ* і інш.

Рукапісная славянская кніга наражана была ва ўсякія каліграфічныя экспэрымэнты шэсьць стагодзьдзяў да першадрукаў. Першыя кірылаўскія друкі паяўляюцца ў канцы XV ст., але друкарства запраўды пачало конкураваць з рукапіснай кірылаўскай кнігай толькі пад канец XVI ст., дый то сьпярша ледзь займаючы віднае мейсца побач ручнога перапісываньня; апошняе саўсім замерла ў нас толькі ў другой палавіне XIX ст., Перапісчыкі на працягу тысячалецьця мелі сьпярша выключна, а пазьней паўзьбежна з друкамі, шырокае поле для сваей стылізатарскай і каліграфскай прадукціі, нямаючай нічога супольнага з ніякай фонэтыкай. Першапачатны выразны бізантыцкі стыль „устаў", каторы быў прыняты ў аснову кірылаўскіх літар, падлягае грунтоўным пераменам у часе рэнэсансу, чаму могуць быць прыкладам прыгожыя скарынаўскія літары. Яшчэ большыя зьмены ў іх стылізаціі наступаюць пад уплывам стылю барокко, пры якім паяўляецца ўжо завілая, выкрутасная скарапісь. У гэтым чарадаваньні стыляў і была зацерта першапачатная яснасьць складовых часьцей „іотаваных" літар, у якіх саўсім яўнас і выразнас „*і*" мала памалу становіцца „скрытым".

Літара „*і*" перад *а, о, е, у* ва ўсякай кірылаўскай азбуцы мае заданьне мякчыць наступаючыя пасьля яе галосныя гукі гэтак: *і+а=я, і+э=е, і+о=ё, і+у=ю*. Калі цяпер мы пішам і вымаўляем „іотаваны" гук, мы, дзякуючы затрачанай фігуры іх складовых часьцей, забываем, што гэтыя „мяккія" галосныя не з прыроды сваей такія, а зьмякчоныя *а, о, у, е* пры помачы скрытага ў іх стылістамі і рэформатарамі знаку „*і*". Такое скрытае „*і*" ў „іотаваных" зьяўляецца вялікай абузай пры навучаньні граматыкі (прыклад дае Я. Лёсік: „Ў справе рэформы нашае азбукі" бал. 8). А галоўна тое, што знакі са скрытым, стушаваным „*і*" не падыходзяць да жывой мовы, бо ў нас на мейсцы *я, ю, е, ё* істнуюць дыфтонгі, каторыя пры пісаньні адным вязаным знакам заціраюцца. Кажуць: *міера, віера, ліепіей, ліудзі, сьвіедкі, піершы, міарліец, віарзіе, ліевы, ліон, іон, кліон, віеціар*, і дзеля гэтага тут павіна стаяць яўна выдзеленае „*і*“ перад *а, о, у, е* (=э) для мякчэньня гэтых гукаў, і, ў злучнасьці з імі, для адзначаньня вельмі, цэнных для акцэнтаціі мовы, дыфтонтаў.

Знак „*і*“ зьмякчае ня толькі галосныя, але такжа і зычныя; гэта бывае ва ўсіх тых здарэньнях калі зычныя стаяць перад „*і*“, прыкладам: *віджу, пішу, піва, ліст, кірую, бірка, мігаю, зіма, кінь фігура, хіба*.

Гук „*і*“ мае і яшчэ адну цікавую асобнасьць, свомую і другім галосным (а ласьне гуку „*у*“), што *калі ён стаіць пасьля галоснага, то заўсёды вымаўляецца коратка*, г. зн. асымілюецца, зьліваецца з папяраджаючым яго галосным гукам, творыць дыфтонг, прыкладам: *ваіна, прыішоў, гоікае, леіка, дыі, моі, крыі, твоі, даі, своі, гаі, віся, веікі, міеісца*; таксама і гук „*у*“ стоючы пасьля галоснага гуку асымілюецца з папяраджаючым яго галосным: *меў, вёў, хадзіў, хаўтуры, воўк, мовіў*. Гэта асобнасьць галосных „*і*“ і „*у*“, іх здольнасьць асымілівацца пасьля галоснай, распашыраецца такжа і на злучы, бо мы гаворучы не адрываем востра адно слова ад другога, як то робяць прыкл. ангельцы або немцы, але лучым іх з сабой; нашы органы мовы, канчаючы гук сказаннага ўжо слова, гатуюцца вымавіць наступны гук і то найлягчэйшым для сябе спосабам: чарадуючы, згодна законам рытмікі, пасьля доўгіх кароткія гукі. Гэта ёсьць жалезны, нязьменны закон нашай мовы і дзеля гэтага ні для асымілятыўнага „*у*“, ні для асымілятыўнага „*і*“ ў нашай азбуцы непатрэбны ніякія асобныя знакі. Яны такімі самі сабой робяцца калі стаяць пасьля галоснай.

Гук „*і*“ асымілюецца з наступнай галоснай у пачатку слоў: *іакі, іон, іама, іеміенны*. Тут дзействуе той-жа закон што і вышэй.

Калі мы дагэтуль прызнавалі патрэбным мець скрытае „*і*“ ў *я, ю, е, ё* для мякчэньня галосных і папяраджаючых зычных: *мяне, цябе, людзі, левы, клён*, а такжа ўжывалі „*і*“ для мякчэньня зычных (*ніва, кіну, зіма*), то, знача, ў нас даўно ўжо вырашана пытаньне, як і прыпомачы якіх знакаў, мякчацца зычныя. Яшчэ славянскія першавучыцялі устанавілі мудрае і простае правіла, якое кажа, што: *ўсякая зычная перад „і“ вымаўляецца мякка, а калі мяккая зычная стаіць перад цьвёрдам гукам, то мякчэньне яе адбываецца пры помачы мяккога знаку* (ь).

У першы чарод, у выніку сказаннага, ў нашай азбуцы павінны быць выкінуты „іотаванныя“ літары *ю, я, е, ё*, а такжа і літара *э*, бо кождае „*е*“ бяз „*і*“ чытаецца цьвёрда. Замест *ю* будземо пісаць *іу*, замест *я* – *іа*, замест ё – *іо* і замест *э* – *е*.

Адваротнае „*э*“ паявілася ў беларускай пісьменнасьці даўно. Мы яго знаходзім ужо ў сьпісках Кронікі в. кн. Літоўскага і ў некатарых дакумантах XVI ст. Мне здаецца, што паяўленьне адваротнага „*э*“ трэба тлумачыць простай нястачай палеографічнай веды ў тварцоў гэтага новага знаку. У першапачатнай кірылаўскай азбуцы знак „*е*“ азначаў цьвёрды гук; мяккім ён станавіўся толькі тады, калі да яго прыстаўлялі „*і*“ (ıє). Грам. Лёсік проектуе замест знаку *е* увясьці „*є*“. Між гэтымі двумя знакамі ніякай рожніцы няма; абодвы яны адназначны і ўжываньне таго або другога, на мейсцы цяперашнага „адваротнага“ „*э*“ зьяўляецца адкрытым пытаньнем, якое, думаю, не сустрэне ніякіх перашкод для рэалізаціі яго.

У другі чарод трэба выкінуць ў („кароткае“) і „й“ („кароткае“). Азбуку трэба скарачаць, а не расшыраць новымі дадаткамі.

Для кождай азбукі вялікая небасьпека яе знестылізація, бо пісаны знак мае ўплыў ня толькі на орган зроку, але і на псыхіку, дзействуе на нашае пачуцьцё эстэтыкі. Калі-бы мы, награмаджаючы лішнія знакі, ўвялі ў кірылаўскую азбуку лацінскае „j“, гэтым, апрача яе непатрэбнасьці, былабы нарушана яшчэ аднацэльнасьць композыції кірылаўскіх літар, што сьвядома ці падсьвядома, заўсёды непакоіла-бы і дражніла чытача сваей дысгармоніяй. Між іншым украінцы былі раз увёўшы ў сваю азбуку лацінскую іоту. У 1870–1880-х годах друкавалася шмат украінскіх кніжак з лацінскай іотай, але, урэшце-рэшт, выкінулі яны яе, між іншым таму, што паходжаньне іоты (сягаючы праз лацінскую азбуку егіпецкіх герогліфаў) ёсьць фальлічнае, а гэта апошняе было прычынай да ўшчыплівых кпінак з боку яе праціўнікаў.

З ліку зычных найбольш пасьвячаецца ў нас увагі дыфтонгам, зложаным з *д+з* і *д+ж*. Дыфтонг *д+з* у цяперашнім напісаньні бывае *цьвёрды* (*дзын, дзогаць, дзурчыць, дзыніць*) і *мяккі* (*дзед, дзеці, дзіва, дзядзька*), дыфтонг *д+ж* бывае толькі цьвёрды. Дыфтонгі, выражаныя адным знакам, не належаць да практычных помыслаў, як мы гэта і вышэй бачылі на прыкладзе галосных дыфтонгаў (я, е, ю, ё). Праўда, у нас у азбуцы маюцца ўжо два зычныя дыфтонгі, выражаныя адным знакам, гэта „*ц*“, зложана з *т+с* і „*ч*“, зложанае з *т+ш*.

Дыфтонг, законсэрваваны адным знакам, заўсёды ўносіць непажаданае зацямненьне калі пераносяцца гукі жывой мовы на пісьмо, а апошняе, ў свой чарод, адбіваецца на граматыцы, каторая становіцца, дзякуючы гэтаму, надзвычайна скомплікаванай. Прыкладам мы пішам: *гаворыцца, пішацца, даецца, бярэцца*, стаўляючы два „цц“ на мейсцы „*тьс*“ і „*тс*“, або *дваццаць*, *пятнаццаць*, стаўляючы „цц на мейсцы *дс*, і, ў вініку, наша граматыка няможа нам вытлумачыць чаму „*ццаць*“ мы павінны лічыць *скарочаным дзесяць*. Гэтак сама мы не разрожніваем дыфтонгаў „дз“ з „дс“, пішучы: *суседзкі, людзкі, гарадзкі*, або *гарацкі, люцкі*.

Літара „д“, як ведама, перад цьвёрдымі гукамі вымаўляецца цьвёрда (*дата, дом, дуля, дэка, дудкі*) і тое-ж самае „д“ перад „і“ і „ь“ вымаўляецца мякка, але прыгэтым саўсім няма ў нас чыстага мяккога „д“, як прыкладам у расійскай ці лацінскай мове. Характэрная асобнасьць нашай мовы вымагае каб мяккое „д“ прыбірала заўсёды дзынячую тонацію, прыбліжаючуюся да дыфтонгу „*дзь*“ (але не тожсамую). Нашае мяккое „д“ ня ёсьць нават дыфтонг а толькі ёсьць гук мяккі, дзынячы, і, дзеля таго, што іншага мяккога „д“ у нас няма, дык няведаю, ці маюць рацію тыя, каторыя хочуць увясьці ў азбуку асобны знак для адрожненьня нашага мяккога „д“ ад чужога, ў данным здарэньні, практычна бяручы, для адрожненьня ад маскоўскага мяккога „д“. Мне здаецца тут ёсьць ламаньнеся ў аткрытыя дзьверы: мы хочам тварыць новы знак для адмяжаваньня ад саўсім неістнуючага ў нас гуку. Іначай кажучы, выходным пунктам для дыскусіі над беларускім мяккім „д“ для нас служаць ня гукі нашай мовы, а надварот – гукі і знакі якія маюцца ў суседняй, расійскай мове. Раз двох мяккіх „д“ ў мове няма, а адно, якое маецца, мае сваю характэрную вымову, то гэтай вымовы павінна навучыць граматыка, незалежна ад таго ці гэты гук будзе выражаны тым ці іншым знакам. Дзеля вышэйсказанага ня толькі няма патрэбы для мяккога „д“ уводзіць новы які знак, але нават няма патрэбы выабражаць яго дыфтонгам, пры помачы „дз“, як мы гэта цяпер робім.

Гэтак сама няма патрэбы з дыфтонгаў „дз“ і „дж“ утвараць адналітныя фігуры, а трэба пісаць іх як пісалі дагэтуль, пры помачы двох уходзячых у склад іх знакаў[7].

Беларуская (крывічанская) мова здавён-даўна не знала звонкага „г“. Грэцкае і гэбрайскае звонкае „г“ перакладалі глухім „г“: у найдаўнейшых кнігах пісалі: *Галілея, Голгофа, ангел, архистратиг*. У XV ст. чужое звонкае „г“ пачало прыходзіць да нас з жывых моў, галоўна з нямецкай, польскай, але перадусім з лацінскай, якая была выкладовай на зах. эўропэйскіх школах дзе пераважна адуковывалася тагочасная наша моладзь. З гэтай прычыны ў XVI ст. сталася модным адзначаць звонкае „ґ“, але адзначалі яго дваяка, адным знакам, „ґ“ і складным знакам „кг“. Апошняе, па мойму, больш рацыональнае, бо мае падставу ў фонэтыцы жывой мовы, ў якой дужа спэцыфічна гучыць звонкае „*г*“,

[7] З гэткім самым, калі ня большым, правам можна ўвясьці асобныя знакі і для некалькі дзесяткаў іншых зычных дыфтонгаў, як: пс, кс, кр, пр, др, бр і г. п.

прыкладам: *кганак, кгузік*. Зрэшта гэтае мяккое „г“ сустрачаецца толькі ў некатарых чужаземных словах, для якіх утварэньне асобнага знаку не зьяўляецца пільнай патрэбай: старасьвецкае зложанае „кг“ знамяніта выпаўняе ўзложаную на іх службу. Урэшце, народная фонэтыка стала імкнецца чужаземнае звонкае „г“ заступіць глухім: цяпер у большасьці здарэньняў кажуць – *ганак, гузік, географія* і г. п.

Наша рэформаваная азбука павінна складацца:

з шасьці галосных (замест 12-ці): *а, о, у, е, і, ы*;

з дзевятнадцаці зычных (замест 23-х): *б, в, г, д, ж, з, к, л, м, н, п, р, с, т, ф, х, ц, ч, ш*;

і мяккога знаку: *ь*.

„Дзэта“ (не мяккое „*д*“), „джэта“, звонкае „г“ павінны пісацца як і дагэтуль падвойнымі знакамі: *дз, дж, кг*.

Пасьля такой рэформы азбукі, пісоўня будзе выглядаць гэтак:

> АПОКРЫФ. Ад Максіма кніжніка пачатак.
>
> Калі скончыласіа сіем тысіач год ад ствареньніа сьвіету, Хрыстос ізноў зыішоў на зіамліу і хадіу па іоі, каб споуніласіа тоіе, аб чым казалі пракокі.
>
> І хадіу іон па усіаму нашаму краіу: і па Міеншчыніе, і па Віліеншчыніе, і па Магіліеушчыніе і па Задьвінскаі зіамлі.
>
> І разам з ім былі сьвіаты Піатро і сьвіаты Іуры. Аліе ніхто з ліудіеі ніе пазнаваў іаго.
>
> Бо ішлі іаны босымі нагамі, з непакрытымі галовамі і былі адіеты у біелы кужаль, а ніе таго спадіавалісіа ліуді.
>
> Таму ніхто не зьвіарнуу увагі на іх, калі у час жніва праходілі іаны між працуіучых ліудіеі.
>
> Толькі музыка каторому ціапіер ніе было што рабіць падышоў да іх і сказау „Сорамна мніе, бо

сіагоньніа – діень працы і усіе клапочуцца каліа іаіе; адін іа нікчемны чалавіек“.

І адказаў іаму Ісус: Ніе смуцісіа у серцы сваім. Ціж ніе тваіе песьні сьпіаваіуць іаны ціапіер у час жніва? Таму ніе схіліаі нізка галавы тваісі, і ніе хаваі твар ад вачеі ліудзкіх.

Цэлых безмала тысячу гадоў пісалі і друкавалі знак „и“ (восьмерычнае) для абазначаньня мяккога „ітавога“ гуку. Адраджэнчая наша пісьменнасьць з многіх мяркаваньняў гэты знак замяніла ў азбуцы другім мяккім „ітавым“, а ласьне знакам „і“ (дзесяцірычнае). Добра ці блага зрабілі тады, можна ацэніваць і так і гэтак, але паступілі саўсім лёгічна: ў азбуцы двох мяккіх знакаў для аднаго і тагож гуку ня трэба. Цяпер грам. Я. Лёсік проектуе увясьці ў азбуку чытаньне мяккога „и“ цьвёрда. Пры гэтым ён даводзіць, што „еры“ вытварылася з *і+ь*. Такое цьверджаньне пярэчыць палеографіі, якая на тысячах прыкладаў паказуе што „ы“ вытварылася з *і+ъ*; дый лёгіка дыктуе, што ня можа з двох мяккіх гукаў зрабіцца цьвёрды гук.

Праўда „и“ (восьмерычнае) ўжываюць замест цьвёрдага „ы“ украінцы; на гэта ў іх была свая важная прычына, бо ў жывой украінскай мове, ў большасьці прыпадкоў, на мейсцы нашага мяккога гуку „і“ (=и) бывае гук цьвёрды: *пышы, напысано*; „нашы стары пысменныкы ужывалы цього самого правопысу“. І, вось, паводле праекту Драгаманава ў украінскай пісьменнасьці пачалі пісаць „и“ (восьмерычнае) надаўшы яму, згодна фонэтыцы, характэрную цьвёрдую вымову. Такім чынам было дасьцігнута украінцамі для іх вельмі цэннае, што ўсю царкоўна-славянскую старую пісьменнасьць стала магчымым чытаць украінскай вымовай. Цяпер ужо, ў новым украінскім пакаленьні, пераходзіць у пераконаньне, што ня толькі „цього самого правопису уживали в церковних книгах“, а што такжа, бытцам, ужывалі украінскай вымовы ў кроніках і статутах вял. кн. Літоўскага. Ведама-ж гэтае іх „пераконаньне“

не пацьвярджаецца гістарычнай філёлёгіяй, якая кажа выразна, што ў в. кн. Літоўскім пануючай мовай і вымовай была мова і вымова крывічанская (беларуская), а не украінская. Такі глыбокі знавец літары і слова, як акадэмік Ляпуноў, слушна кажа, што „ы“ павінна быць утрымана ў такім выглядзе ў якім яно прайшло праз гісторыю і я вітаю яго высокакомпэтэнтны осуд у гэтай справе.

Да рэформы цяперашняй нашай граматыкі, мушу зазначыць, што вялікім яе адступленьнем ад жывой народнай мовы ёсьць скрайнае аканьне. Дзякуючы скрайнаму аканьню жывая народная мова так сама астаецца непадобнай як да гістарычнай так і да цяперашняй нашай пісоўні.

У народнай мове выразнае „*а*“ сустрачаецца толькі пад націскам; ненаціскное „*а*“, перад „*а*“, ў чародным складзе, заўсёды вымаўляецца глуха, прыбліжаючыся да сярэдняга гуку між „*ъ*“ і „*ы*“: *бырана, гырапашнік, гылава, кызакі, гэтыга, гыра, стырана*, а нават *стырына*.

Гэтак сама на мейсцы дыфтонгу „іа“(=я), вытваранага са ст.-слав. „е“, перад і пасьля націскных складоў з „*а*“ і „*я*“ заўсёды чуваць сярэдні гук між „ь“ і „і“: *піравоз, сіляне, вірабей*, на *дарозі*, у *хаці, Вілія, веціp, жалім, восімдзісят, сімнадцаць, вірутны*.

Гук „о“ ніколі не бывае чысты ў нашай жывой мове, ён заўсёды вымаўляецца як дыфтонг „уо“: *буог, нуогі, руодны, даруогі, мнуогі, руогі, муoжна, руожна, куонь*, і г. д.

Раздаюцца галасы за лацінку таму, што лацінкай піша ўвесь Захад Эўропы, што лацінка пранікае і ў Азію; магчыма, прыдзе час, што лацінка будзе сьветавой азбукай. Што-ж, калі ўся тэрыторыя б. Расіі прыйме лацініку, што не абойдзецца без папярэдніх канфэрэнцій, аб якіх і мы дачуемся, то тады прымем яе і мы. У кождым здарэньні ўводжаньне сягоньня ў нас лацінікі, мо і цікавая вівісэкція, але няхай іншыя пробуюць яе на сабе, а мы лепш пачакаемо і паглядзімо што з гэтага вынікне. У кождым здарэньні спэктатары на гэтым зкспэрымэнце больш выйграюць, чым той, хто будзе выконываць ролю опэраванага кроліка.

«Крывіч», № 12, ліпень 1926 – сакавік 1927 г., б. 60–66.

Карэнь „корс“, „корх“, выводныя ад яго словы і паняцьці ў крыўскай мове

КОРХ. Паводле Насовіча („Словарь“, б. 247): 1) Кулак, „Не жалей карха, дай яму харашэнька“. 2) Удар кулаком: „Дай яму карха“. „Надаваў кархоў, будзець з яго“. 3) Мера ў кулак, прыгаршня: „Пяць кархоў адмерыць“.

Выводныя: Каршок, зьменшанае слова ад „корх“; корхаць, біць кулаком, корхацца, біцца, таўчыся кулакамі, кархануць, корханьне; карчаг – карэнь; карчажжо, карэньня; каршэнь – карк, мейсца па каторым каршаць, корхаюць кархом; карховы, мерай з кулак.

Да павыжшага тлумачэньня Насовіча трэба дадаць: каршок, каршак, мера на чатыры пальцы шырынёй; у локці лічаць шэсьць каршкоў, кархоў.

Первабытны чалавек упадабляў сябе самога да дрэва, згэтуль падобнасьць слоў да акрэсьляньня часьцей чалавечага цела і часьцей дрэва. Прыкладам: кара і скура, галіна і голень, ладыга і лыдка, пальцы і палкі, пята і пень, какаты (сучча) і кокці, сын і сук, чэскае holka (дачка, дзяўчына) і галіна на дрэве, корх і корч і гэтаму падобнае. Словам, у выабражэньні первабытнага чалавека, сагнутая або сьціснутая далонь здавалася быць падобнай да скрутаў каранёў у дрэве, якім яно трымаецца ўчапіўшыся за зямлю.

Ад пачатнага „корх“ у нашай мове маецца цэлая сямья выводных слоў. Да гэткіх належаць:

СКОРСНУЦЬ, сьціснуць рукі, вусны, сагнуць або сплясьці сьціскаючы пальцы.

РАЗКЯРСТАЦЬ, разтапырыць пальцы, выпрастаць далонь; разставіць ногі; разьняць рукі да абоймаў; разагнуць разшчэплены канец палкі віламі.

КЯРСТАЦЬ, кяртаць, кярсаць, дзерці цэлае на двое, разьдзіраць кіпцюрамі. Прыкладам лучыну лушчаць, лыкі лутаюць, але карэньні да пляценьня карзін кяртаюць, кярсаюць, а накартаны матэр'ял называюць скярсой, к(а)ярсой.

КЯРЭЧЫЦЬ, корчыць ногі; разкярэчыць, разставіць у роскідзь ногі, як у карчы карані; скукярэчыцца, скорчыцца; разкятурка, мейсца вілаватага разьдзелу; кукіш, скорчаная вядомым спосабам рука; карачкі, хадзіць ракам, на чатырох.

АСЬКІРАЦЦА, выськівацца, ашчырацца зн. усьміхацца; як бытцам рабіць шчэлку з губы. Нікіфароўскі падае сказ Вітабшчыны аб бяззубай дзіцячай усьмешцы „скелачкі шчыліць“; зраўняй з тэй-жа Вітабшчыны (і Смаленшчыны) слова „шчылікун“ – насьмешнік, эпітэт чорта.

КАРАСНУЦЦА, корснуцца, хапіцца рукой „кархой“ за што колечы, дакрануцца да чаго; караскацца, чапляцца, хапацца за што, прыкараскацца, прычапіцца, адкараскацца, адчапіцца.

КЕРЗАЦЬ, плясьці лапці, ка(я)рзіны па маскоўску „строчить“; наскерзь, наскась пераплятаючы, спосаб плясьці што з лыка, скярсы ці валакна; кавярзьні, не падплетаныя лапці; кавярза, плёткі, выкручываньне і перакрыўляньне праўды, блутаньне фактаў, інтрыга; карса, корска, папярэчны рад лыка пры пляценьні лапцяў, тое, што маскалі называюць „строка“, „строчка“.

КОРСТКІ, сьцягаючы, шчыплючы на смак.

КОРСТ, труна ў форме карыта з векам; праўдападобна назоў гэты мае ў аснове паняцьце капаньня падобна як „грабсьці“, „грабаць“ і „паграбаць“, „пограб“.

«Крывіч», № 1 (11), студзень–чэрвень 1926 г., б. 110.

Рачное імязоўніцтва

Рака Дзьвіна, працякаючы большую часьць свайго бегу праз крывічанскія землі і будучы доўгія часы галоўным targовым шляхам нашай зямлі, мае шмат цікавага імязоўніцтва, вытваранага нашым народам. Ніжэйпададзеныя назовы запісаны ў 1894 годзе А. Цымборскім у Дзісьне, ад корніка Пятра Рудака. Арыгінал запісаў – цяпер ўласнасьць рэдакцііі „Крывіч“.

РУЧВО, самае глыбокае цячэньне ракі (рас. „фарватер“).

ПЛЕС, шырокае, ціхае ручво ракі без закрутаў (рас. „широкій фарватер“).

ТУРЭЦ, звужанае ручво са шпаркім цячэньнем вады.

РУБА, камянная перагародка ўпоперак ракі ўступамі, або абрывам (рас. „пороги“).

ГРЫВА, падводная, або адбярэжная пясчаная мель (рас. „коса“).

ЗАБОРА, перагародка ракі зложаная з невялікіх камянёў, якія выступаюць з вады.

МЕЛЬСТЫНЬ, плоскае, роўнае пясчанае, не глыбокае дно.

ЖОСЬ, мельстынь зложаная з дробных. камянёў (жост або жорст=рас. „хрящ“).

ВЯРЖА, ВЕРАЖЛЯ, шпаркае цячэньне паверх скрытых пад вадой камянёў.

ЗАКРУТ, загіб ракі падковай або дугой.

НЕРД, падмытая вадой пад берагяма; цячэньне вады пад берагам.

ВІР, закручаючаяся лейкай вада над глыбокай ямай.

ПРАБОР, ПРАБОРА, вузкае ручво паміж двумя мельстынямі.

ПОПЛАЎ, бераг ракі, які вясной бывае заліваны вадой.

РЫГА, рукаў ракі, („Сухая рыга“, рукаў, які акружае востраў Дален, каля Якобштада).

РУМ, мейсца звозкі і складу тавараў, перад адпраўкай іх вадой.

БАЛВАНЕЦ, абвал цэлай массай высокага берагу ў ручво ракі.

КАЛТА, КАЛТАВІНА, яма ў дне ракі.

РАЗТОКА, мейсца ў якім разьліваецца рака ўшыркі, выходзячы з цесных берагоў,

ЗАТОКА, мейсца дзе рака ўглыбляецца ў сушу, заліў.

СУТОКА, мейсца дзе зьліваюцца „стачываюцца“ воды двох рэк.

ПРЫТОКА, меншая рэчка, якая ўліваецца ў большую раку.

УЙСЬЦЯ, УСЬЦЯ, канец ракі перад мейсцам дзе яна ўліваецца ў другія, большыя воды, вышэй сутокаў.

ВОЛМА, ўпадзіна, заглыбленьне ў дне ракі ніжэй рубы.

ГОЛМ (праўдападобна заменена пачатнае славянскае *х* ў *г*), высокі бераг гарбом, або капяжом.

ПІСАНІК, камянь з надпісамі.

КЛЫГА, мейсца дзе клыгоча вада пераліваючыся цераз перашкоды.

ЯЗ, перагарода ўпоперак ракі для лавеньня рыбы.

А. Цымборскі, Вацлаў Ластоўскі, 1894 (публікацыя 1926), «Крывіч», № 1 (11), студзень–чэрвень 1926 г., б. 111.

Дзіцячы слоўнік

Расійскі вучоны К. Чуковскі доўгія годы пасьвяціў цікавым досьледам словатварэньня ў дзіцячай мове. Ведама, што дзеці, пачынаючы з чацьвергага году жыцьця, часта пачынаюць разважаць аб словах: прыкладам трохлетняя Ніна Гуляева ніяк не хацела казаць язык. Была пэўна, што трэба казаць лізык. У іншых здарэньнях дзеці абярталі лапатку ў капатку (ад капаць); сьлінку ў плюнку, вэнтылятар у вертылятар (верціцца); вазэліну ў мазэліну (мазаць) і г. п.

Кождая рэч для дзіцяці характэрызуецца немаль выключна чыннасьцю. У кождым іменніку дзіця вычувае скрыты рух чынніка. Дзеля гэтага яно з такой лёгкасьцю выводзіць чыннікі ад усякіх іменнікаў. „Ай, я задзьверыў руку!“ „Козлік рагаецца“. „Бык бычыць“, „Конь мяне капытне“. Гэтым дзяцё дасканаліць мову ўзрослых, якой, паводле Чуковскага, пара ўжо стацца гібчэйшай і не баяцца гэткай перамены іменнікаў у чыннікі.

Бывае, што дзяцё адзначае ня чыннасьць а якую колечы іншую, прыпадковую азнаку ў аб’екце. Гэтак адзін пяцёхгодавы хлопчык гаварыў не гарадавы, а дарагавы („Ен-жа стаіць на дарозе!“); чатырохлетняя дзяўчынка казала не чалавек, а людзь; маршчынкі на абліччы бацькі называла сярдзіткі (сярдзіцца) і г. п.

«Крывіч», № 1 (11), студзень–чэрвень 1926 г., б. 108–109.

Дойлід

Насовіч гэтае слова збывае вельмі каротка: „Дойлидъ, плотникъ (слово рѣдко употребляемое)“. Праф. Карскі (Бѣлор. т. I, б. 129) слова „дойлід“ адносіць да запазычаных у літвіноў, ён піша:

„У Дойлід – зодчій, строитель: „кузнецъ и дойлида“, „мастеръ дойлидъ“, „дойлидска дѣла“ (Ф. Скорина, Вадимировъ, 300); сустрачаецца „дойлидъ“ і ў актах XVI ст. (гл. Акты, выд. Вілен. кам., XVIII); часам гэтае слова можна пачуць і цяпер, прыкл., у песьні, запісанай у Сенінск. пав. Маг. г. (Шэйн: Матер. I. I, 164): „Тамъ и три далиды церкву рубили“. Як гэта ўжо адзначана многімі (Брюкнэр, 23; Вольтэр Mitteil., IV, 53; Владимировъ), гэтае слова = літ. „dajlidė“.

Да прыведзеных праф. Карскім запісаў, дзе фігуруе слова „дойлід“, трэба дадаць яшчэ зборнік Ромуальда Зенькевіча: „Piosnki gminne ludu Pińskiego (Коўна, 1856 г.), а такжа заўважыць, што яно дагэтуль ўжываецца ў жывой крыўскай народнай мове. Слова „дойлід“ асоціязуецца ў народзе са сталярскай прыладай – далатом, якое мяйсцамі вымаўляюць „дайлато“. Далатом выбіваюць ў дрэве „далубы“, г. зн. углыбленьня да змацоўкі зьвязяў у будынках. У сталярстве далубамі называюць урэзы ў канцох зьвязаных дошчак. Словам „далубаць“ абазначаюць працэс выбіваньня жалатом углыбленьняў у дрэве, выкалыпываньня (зраўняй польск. „dłubać“).

З вышэйпрыведзеных прыкладаў відаць, што ў нашай мове ад словачыну „далубаць“=калыпаць, прыбор да выдалубываньня углыбленьняў атрымаў назову „далато“, „дайлато“, а майстар, які выбіваў „далубы“, назначаў мейсца іх і спосаб зьвязываньня часьцей будынку, а такжа далубаў аздобы для будоўлі, атрымаў назоў – „дойлід“. Гэта будзе будаўнік і мастак далата.

«Крывіч», № 1 (11), студзень–чэрвень 1926 г., б. 106–107.

Дняпро ці Няпро?

Народная назова гэтай ракі Няпро (гл. ў зборніках Раманава легенду „Сож і Няпро", але гэты назоў не зьяўляецца народнай перафразоўкай слова Днепр; імя Няпро замацавана на многіх старасьвецкіх мапах. Гэтак па карце, выданай не немцамі ў пачатку XVII ст. пад агалоўкам „Landtafel des Ongerlands, Polands, Russen, Littaw, Walachei und Bulgarei" у кнізе Kosmographie, друкаванай у Мюнхене, абазначана Neper fl. Гэтак сама Neper fl. значыцца на карце Regni Poloniarum Magnifique Dukatum Lithvanie, апрацаванай Янам Бабтыстам Гоманам, для польскага караля Аўгуста II. А такжа на карце Тобія Маера выданай у Нюрэнбэрзе ў 1749 годзе і агалоўленай Magni Dukatus Litvanie, абазначана Nepr. fl. I, наагул, Nepr, Neper flus (а ня Dniepr, ці Dnieper) пераважае ў старой пісьменнасьці. І мне здаецца, што далёка лепш было-бы ў нашай адраджэнчай пісьменнасьці вярнуць гэтай рацэ яе старое і народнае імя, г. зн. пісаць усюды і заўсёды ня Днепр, а Няпро.

«Крывіч», № 1 (11), студзень–чэрвень 1926 г., б. 113.

Аб імені Ятвягі

У летапісах сустрачаецца напісаньне гэтага імя ня толькі праз літару **я**, але і праз **е** – Етвягі. Ведама, што літара **ј** мае тэндэнцію да пераходу ў літару **л** і наадварот (гл. „Пачатнае **о–е** ў славянскіх мовах“, Я. Станкевіча, „Крывіч“ № 10 (2), б. 82); прыклалам цяперашняя мясцовасьць Езёросы, на старых картах называюцца Lezorocze (Лезаросы). Калі мы, згодна такой тэорыі, заменім пачатную **ј** (іоту) літарай **я**, то атрымаецца ў нас напісаньне гэтага імя – Летвягі, Лятвягі, Літвягі, словам Літвякі або проста Літвіны. Пры гэтым варта адзначыць адну вельмі характэрную асобнасьць. Народ званы Ятвягамі, Етвягамі знаюць летапісы кіяўскія і польскія, але ні ў адным з многіх сьпіскаў літоўскіх кронік т летапісцаў мы не сустрачаем назовы Ятвягі. Гэта апошняе сьведчыць, што ў Літоўскай дзяржаве яны ня мелі асобнага імя, што тут нязналі асобнага народу ці племя Ятвягаў. Словам Ятвягі, Етвягі і Літвагі (Літвіны) гэта адно і тое-ж самае імя.

«Крывіч», № 1 (11), студзень–чэрвень 1926 г., б. 113.

Аб караню „віт“, „вет“ і выводных словах і паняцьцях

Ва ўсіх славянскіх мовах карэнь „віт“, „вет“ выражае паняцьце аб: 1) мове, вымове, красамоўстве і 2) служыць для абазначаньня ўласьцівасьці, якая выражае перамогу, перавагу, старшэнства, старасьць і вечнасьць.

Паводле Шафарыка (Star. słov. § 18, 350) ў першапачатнай аснове карэнь „віт“ заключаў у сабе толькі паняцьце мовы, вымовы, выслову, што, бадай, зьяўляецца вельмі праўдападобным.

У значэньні выслову славянскія мовы знаюць цэлы шэраг слоў з каранём „віт“, да гэткіх належаць:

Стар. слав. Вітія, рытор, оратор, красамоўца (Слоўнік Л. Зызаняга, 1596 году).

Вітаць, паздраўляць словамі, жадаючы жыцьця і здароўя.

Вітальніца (стар.) пакой, сьвятліца, ў якім прыймаюць гасьцей.

Вячаць (Ноўгародзк. і пскоўск. нар.) верашчаць, крычаць, вірэчэць.

Вяшчаць, апавяшчаць, прапаведываць, прарокаваць.

Весьціць, паведамляць.

Весьць, ведамка перададзеная словамі; навіна.

Вяшчба, прапаведня, прароцтва.

Вешчы, каму ўсё ведама і хто прадсказуе будучыну.

Вяшчэль (пскоўск. нар.) адгадчык, прарок, вядун.

Вешчыца (пскоўск. нар.) „ведзьма каторая кладзе сваё цела пад ступу а сама вылятае сарокай праз комін". (Даль. Словарь, т. I).

Лаўрын Зызані ў сваім слоўніку слова „взвѣщаю" тлумачыць проста „оповѣдаю", „взвѣщаніе-оповѣданье; умъ вперяю; розум як розлегъчаю або тонко розмышляю". Гэта апошняе сьведчаньне Зызаняга, які на 300 гадоў жыў раней нас, а знача на гэтулькі гадоў быў бліжэйшым да першапачатнага разуменьня слова, зьвязуе „оповѣданье" з разлягчаньнем розуму і „тонкім размышляньнем", знача з ведай, згэтуль:

Вядун, ведзьма, знахар, чалавек які абладае знаньнем.

Ветны, (народн. горадзенск.) бывалы, відалы чалавек, які многа чаго ведае.

Ветлы, прыветлівы, абычайлівы, які абладае знаньнем абычаяў, таварыскага этыкету.

Гаварыць г. зн. – „вячаць", „вяшчаць" і сьвеціць – нашы прапрашчуры маглі на агульных сваіх нарадах „вечах", але дзеля-таго, што на „ветных" людзёх племені ляжаў абавязак ня толькі займацца „віційствам", або ветніцтвам на агульных сабраньнях, але także і абавязак станавіцца ў бой супроць ворагаў, згэтуль „вітія", „ветнік" злучае ў сабе также другую рысу, ён ня толькі прамоўца, але і рыцар.

Віцязь, харобры, ўдалы, ўдатны ваяр, пераможа;

Стар. звыцяжства – перамога (санскр. Vidjaya – перамога).

Віцінічы – ў старадаўных сэрбаў абазначала клясу вайсковых людзей, тое што ў нас называлі ваярамі, баярамі. Viteźne kubło (кубло=нямецк. Lehugut) гаспода, сяліба віцязя, яго гняздо (гл. W. Bogusławski. Rys Dziejow Serbo-Lužyckich. Petesburg 1861, б.б. 145–147).

Дзеля таго-ж, што быць таварышом грамадзкіх нарад і пастаноў і выступаць у абароне грамады мог толькі чалавек, свой, мясцовы, аселы, згэтуль карэнь „віт“, „вет“ ўключае ў сябе паняцьце прабываньня, быцьця, мейсцазнаходжаньня, гэтак:

стар. слав. Вітать, абазначае такжа жыць, прабываць дзеколечы часова або заўсёды;

Вітаці (h bitare), жыць, абараняць.

Вітальня (ноўгародзк.) дом для прыпынку падарожнікаў, прытулак.

Чалавек аселы, ваяўнік і раднік на народных вечах быў сярод сваей грамады чалавекам выдатным, знаным, паважаным, згэтуль карэнь „віт“, „вет“ сустрэчаем у словах:

Вящій (стар.), польск. większy, большы старшы, вышэйшы. „Вящіе люди“, большыя, старшыя, знатнейшыя.

Вышэйпрыведзеныя азнакі маглі быць прыпісываны толькі людзём сурьёзным, пажылым, бадай, пераважна старцам, згэтуль:

Ветхі, стары, даўны, аджываючы.

Ветах, стары месяц; месяц на ўшчэрбе ў 4-й квадры.

Вечнасьць даўнасць, як можна мысьлю сягнуць.

Гэтак першапачатны карэнь „віт“, „вет“, які выражаў наагул мову, з часам пачаў азначаць мову натхнёную, прыгожую, вешчую. Дзеля таго што ня кожды чалавек абладае патрэбнай здольнасьцю, жыцьцёвай практыкай і грамадзкімі правамі для выяўленьня сваіх мысьляў, то паняцьце заключанае ў павыжшым карані было перанесена на клясу грамадзян, якія адпавалалі ўсім павыжшым варункам; гэта былі павадыры і абаронцы сваіх плямён, і, вось, „віцязь“ набірае значэньня ваяра які перамагае ворагаў, наагул пераможцу, рыцара; ўрэшце, старшыню, старца. Гэтак с першапачатнага зерняці „віт“, „вет“ вынесенага славянамі з праарыйскай калыбкі, з бегам часу вырасла аграмаднае дрэва з многімі галінамі і веткамі.

«Крывіч», № 12, ліпень 1926 – сакавік 1927 г., б. 108–109.

Аб напісаньні „ўл“ ў крыўскай пісьменнасьці

Падобна як **ўр**, наша мова ня любіць злучаньня **ўл**. Замест Уладзімір, трэба пісаць Валадзімір або Ладзімір; замест Ўладыслаў – Валадыслаў або Ладыслаў. Мы кажам: валадзець, валадар, а не: ўладзець, ўладар. Слова „ўлада“ – нрватвор даволі прыгожы, але нязгодны з духам нашай мовы; замест „ўлада“ даўней у нас сказалі-бы; валадзьба, валалзежа. Слова „ўласьне“ ў народнай мове заўсёды вымаўляецца: ласьне. Слова „ўласны“ набыло ў нас даўно ўжо права грамадзянства, але, здаецца, народ ва ўсходнай часьці Беларусі (Крывіі) яго нязнае. Замест „ўласны“ кажуць свой, або; собскі, собіна.

Вывад жа гэткі: ўнікаць пры пісаньні злучэньня **ўл**, як нязгоднага з духам мовы; трэба або разьдзяляць гэты дзьве літары галоснай, або саўсім адкідаць пачатнае **ў**.

«Крывіч», № 12, ліпень 1926 – сакавік 1927 г., б. 111.

Словачын „рымзаць“ і выводныя ад яго словы і паняцьці

Рымзаць, у Насовіча (б. 571) „румзаць“, слова аднaзначнае з рас. „рюметь“ зн. плакаць у голас працягла, або перарыўна і скрыпуча-надаедліва. Згэтуль „рымза“ (у Насовіча „румза“) – плакса. „За рымзаю гэтым нічога не чутно“ – „Рымзаньне“ дзіцячы плач. „Рымзы“ – дзіцячыя капрысы з плачам. „Рымзачка“ – плакса (пешчатна). „Рымза“, „рымзун“, „рымзель“ – плакса (лайчыва). „Рымосы“ – капрысы. Распусьціў рымосы, хоць з хаты ўцякай.

Рымка – самая тонкая струна на скрыпцы, якая выдае тон і плакучы гук. „Рымкаць“ – паскрыпываць. „Калаўрот рымкае“.

Рымзаць, (акром плакаць) – скрыпець на скрыпцы і наагул скрыпець. „Цэлы дзень смыком рымзае“. „Не йграе, а рымзае“. Боты ў яго як ідзе рымзаюць. „Рымза“, рымзун – дрэнны музыкант, які няўмее іграць на скрыпцы. „Рымснуць“ – скрыпнуць. „Рымкаць“ „рымкнуць“ – „скрыпнуць“, скрыпець, скрыпнуць коратка. „Рымчэць“ скрыпець працягла, выдаваць працяглы скрып. „Рымець“ выдаваць працяглы голасны скрып; гаворыцца аб дзьвярох, варотах, калі трэба адцяніць вышэйшую ступеню чым

„рыпаць“. „Нашы вароты ня тое што рыпаюць, а ўжо нема рымяць“. „Рымсьцець“, скрыпець густым поскрыпам, працягла.

Рымст, аднаразовы скрып. „Чую, ажно вароты – рымст, рымст – нехта паціханьку іх адчыняе“. У пераносным значэньні „рымст“ абазначае, напор стрымліванага жаданьня, стрымліваны парыў; падобна як вароты „рымскаюць“ калі напор наклону варот бывае стрымліваны іх вагой у апорным пункце, ў пятніку, так фігуральна гэтым словам малюецца духовы стан чалавека, ў якога прарываецца стрымліванае воляй хаценьне ці імкненьне. „Рымсьціць“, „зарымсьцела“ – хочацца. „Табе рымсьціць, зарымсьцела пабегчы туды“. „Яму рымсьціць сказаць гэта“ (Нас. 563). „Зрымсьціць“, стрываць, не глядзя на процілеглае пачуцьцё. „Пакуль што рымшчу яму“. „Зрымшчу яшчэ троху“ (Нас. 563). „Зрымсьці яшчэ хоць гадзіну“ (Нас. 219) „Няўрымсьціў“ – неўтрываў.

«Крывіч», № 12, ліпень 1926 – сакавік 1927 г., б. 109–110.

Аб слове „гаспадар“

Некатарыя з нашых моваведаў памылкова зблiжаюць слова „гаспадар“ са словам „госьць“: „gostьpodarь у сiвую старасьвеччыну азначала загадчыка гандлем – гасьцьбой“ (з матэр'ялаў надасланых ў Рэд. „Крывiч“).

Ва ўсiх арыйскiх мовах каранi „гост“ i „госп“ маюць блiзка заўсёды процiлежнае значэньне. Прыкладам у лацiнскай мове hospes мае значэньне гаспадар, прыяцель, а слова hostis – чужынец, вораг, працiўнiк. Такое самае значэньне гэты два каранi ўтрымалi i ў нашай мове: слова „госьць“ цяпер азначае ў нас чалавека чужога, заходжага ў дом па запрошаньню цi без запрошаньня; даўней-жа мела значэньне наагул чужынца, ў яго найбольш частай ролi – таргоўца. Слова „гаспадар“, наадварот, абазначае чалавека свайго, кiраўнiка i прадстаўнiка сямы.

Падобна як са словам „госьць“, нельга такжа зьмешываць слоў „гаспадар“ i „государ“, бо гэты два словы не маюць супольнай крынiцы паходжаньня.

„Государ“ мае ў сваей аснове карэнь „суд“. Ад словачыну „суд“ паўстала слова „судёр“, г. зн. судзьдзя, ўрэшце, пазьней „осудар“ i „государ“, што знача валадар, судзьдзя народу.

„Госпад“ i „гаспадар“ маюць у сваей аснове словачын „даць“, „падаць“, „спадаць“ i першапачатна служыла для азначаньня даўца, дарыцеля, кармiцеля, якi зваўся

„спадавец“, „спадацель“ „спадар“, „аспагар“, і, ўрэшце, „гаспадар“, падобна як ад валадаць атрымаўся іменнік „валадар“, ад судзіць – „судар“, ад дудзець – „дудар“, і г. п.

Слова „гаспадар“ вядома ўсім славянскім мовам. У Лужычанаў яно абазначае бацьку і кіраўніка сямьі pater familias, а такжа служыць вялічальна-ветлівым мяном. У Чэхаў hospodarem звалі таго, хто меў „statek, żenu, rodinu, čeled, chlebi“ (Wilhelm Boguslawski. Dzieje słowianszczyzny II, б. 405). У Палякаў gospodarz азначае аселага землябора, ўласьніка, кіраўніка дабыткам. У маскалёў і ў паўночных Крывічоў (Ноўгародцаў і Пскоўцаў), замест „гаспадар“ вытварылася з гэтага-ж караня, адназначнае слова „господин“ „господин Великій Новгород“.

Слова „гаспадар“ ужываецца ў нашай жывой мове немаль паўсюдна ў значэньні pater familias, галава сямьі, кіраўнік, валадар рас.: „хозяин“: „Над сваім дабром усяк гаспадар“. „Гаспадарочак мой, ня кідайся мной“. „Гаспадарскі парадак“ (Насовіч, б. 120).

Даўней гэтае слова стасавалася значна шырэй. Тожсамячы нацыю з сямьёй, нашы прашчуры князя свайго надзялялі эпітэтам „господар“, а дзяржаву звалі „господарство“: „А прото оберите собѣ господара доброго, хтобы мѣлъ боронити того панства великого князства Литовского“ (Лѣтописец, гл. „Гіст. Крыўскай (Беларускай) кнігі В. Ластоўскага“, б. 209, 652). „И по немъ (пасьля сьмерці князя) межи собою господара не мели, и мешкали безъ пана“ (ibid, б. 201). „... господар король его милость и великий князь Жикгимонтъ Августъ рачилъ намовляти съ паны радами ихъ милостью“... (ibid, б. 363). „Были тые часы найясьнейшый и милостивый господару королю“... (Статут 1588 г. ibid. б. 438).

Як вялічальна-пашанотны эпітэт слова „гаспадар“ бывала ўжывана замест „господ“ гаворачы аб Богу: „чыстыј Спадару Божэ чыстаја вада ачысьць цела маје грэшнае“ ... „Божэ Спадару јестэм с пяску створаныј і знову ў пясок пајду і пяском буду аберненыј“. (Я. Станкевіч, выпіскі з Аль-Кітабу). „Бога милостивого господарем тоесть паномъ своимъ мянуемо“. (Палемічн. творы. Архів Юго-Зап. Росіі, т. VIII. б. 172). Гэтым пашанотным эпітэтам часта і народная мова надзяляе Бога: „Бог добры гаспадар. Божа, гаспадару наш!“.

Як вялічальна-ветлівы эпітэт сустрачаецца слова „гаспадар“ у старадаўных лістох. „Его Милости господару моему ласкавому Пану, а Пану Миколаю Яцковичу“, адрэсуе свой ліст у 1592 годзе Венцлаў Владыка. „Да не гнѣвайся Господару, а хто кого остережеть, коли не милый свой давны друг“, піша ў сваім лісьце Комуніяка да смаленскага вояводы Абуховіча.

„Слаўны“, „добры гаспадару“ також звычайны вялічальны зварот у нашых абрадовых песьнях-вялікодных і калядных.

На аснове вышэйпрыведзеных, далёка не вычэрпуючых, данных відаць, што:

а) слова „гаспадар“, „аспадар“, „спадар“ адназначныя;

б) слова „гаспадар“ таксама пашырана ў народзе, які і ў гістарычнай нашай пісьменнасьці;

в) яно, як ветлівае мяно, саўсім адназначна з цяперашнім расійскім „господин“ и польскім „pan“, нямецкім „Herr“.

Дзеля гэтага, ўсюды дзе расійцы ўжываюць, як ветлівае мяно, слова „господин“, палякі „pan“, немцы Herr, мы павінны ўжываць сваё пракавечнае ветліва-пашанотнае мяно „гаспадар“, або „спадар“, як у вуснай так і ў пісьменнай мове.

«Крывіч», № 12, ліпень 1926 – сакавік 1927 г., б. 110–111.

Аб словах „сьвет“ і „сьвятло“

Жывая беларуская мова разрожнюе словы „сьвет“ і „святло“: Маной сьвет пяройдзеш, але назад ня вернешся“. „Як сьвет сьветам – ня быў пан мужыку братам“. „Сьвет клінам зышоўся“. „Сарока хвастом сьвет запаліла“. „Сьвятло і ў цемры сьвеціць“. „Запалі сьвятло“. „Сьвятло сьвеціць, цяпло грэе“. У слоўніку Насовіча (576 б): *Сьвятло* а. с. р. 1) Агонь. Пара сьвятло вздувать. У вас еще сьветла не зажігалі (рус. зам. „запалялі“). Сьвятло погасілі. 2) Зрок. Другі год, як сьвятло я поцерав (рус зам „утраціў“).

У беларускай мове слова „сьвятло“ служыць для абазначэньня зьявы спроцілеглай цемні; яно роўпазначна лацінскаму lux, нямецкаму Lichtenschain, ц.-славянскаму і расійскаму свет.

Слова-ж сьвет ужываецца выключна ў значэньні лацінскага mundus, нямецкага Welt ц.-славянскага і расійскага мир, вселенная.

У даным здарэньні наша мова не стаіць адасобненай: ў большасьці славянскіх народаў слова сьвет ужываецца ў значэньні mundus: у баўгараў – свѣт, у сэрбаў – свијет, у харватаў – svjet, у харутанцаў – svet, ў славакаў – swet, у палякаў – świat, у чэхаў – svet, у ўкраінцаў – світ.

Назоў mundus і terra habita сьветам злажыўся ў дагістарычныя часы разьвіцьця нашай мовы. Назоў-жа lux'а сьвятлом – яшчэ старэйшая зьява: яе, мабыць, трэба аднясьці ў праслаunion эпоху.

Гэтакім чынам ясна, што ўжываньне ў пісьменнасьці і ў паточнай мове слова „сьвет“ ў значэньні lux – гэта грубы барбарызм.

«Узвышша», № 5, 1927 г., б. 197.

Аб слове „страніца“

Слова „страніца“ носіць на сабе сьляды баўгарызму, які перайшоў ня толькі ў нашу кніжную мову, але і ў большасьць славянскіх моў. Пры паўнагалосьсі беларускай мовы трэ было-бы пісаць і вымаўляць не „страніца“, а „стараніца“, падобна як мы не кажам „брана“, „врана“, „град“, а „горад“, „барана“, „варона“. Дзеля таго-ж, што многаскладовыя словы цяжкія пры вымове, то, ўнікаючы апошняга, быў выпрацаваны новатвор – „старонка“.

Але ў нашай мове ёсьць ўласнае слова на абазначаньне пісанай, эвэнтуальна друкаванай, стараны ліста – „балона“.

У карэ і ў скуры плеўная старана, якая прылягае – ў першым здарэньні да дрэва, ў другім да цела, называецца балонай. У часы, калі пісалі на пэргаміне, то балонная старана пераважна служыла да пісаньня; згэтуль у старадаўнасьці запісаная старана пэргаміннага ліста называлася такжа балонай. У інвэнтары турава-пінскай архібіскопіі, пісаным ужо, на паперы ў XVII ст., ў канцы маецца надпіс: „в книзе сей листов Н҃З (57), болон. Р҃ІД (114);

Што слова „балона“ асоцыізуецца ў псыхіцы нашага народу з старонкай кніжнага ліста, рабіў ужо заўвагу Александар Ельскі ў лісьце да „Нашай Нівы“ ў 1912 г. Аб праўднасьці апошняга я сам неаднакрот пераканаўся пазьней, бываючы ў пачатковых беларускіх школах і ў размовах з сялянамі.

Калі адраджэньне мовы павінна імкнуцца да яе лексычнага дасканаленьня і прыбліжэньня да шырокіх працоўных мас, то бясспрэчным поступам на гэтым шляху будзе ачышчаньнё мовы ад барбарызмаў, спрэчных з псыхікай мовы народных мас. А дзеля гэтага ужываньне народнага слова „балона“ замест гістарычна-кніжнага барбарызму „страніца“ будзе поступам у развіцьці нашай мовы, будзе поступам у набліжэньні друкаванага слова да народу.

«Узвышша», № 5, 1927 г., б. 198.

Корэктыва да слоў „земляробства“ і „хлебаробства“

У беларускай мове захавалася нямала слоў з прадаўнымі славянскімі каранямі, асабліва мы бачым гэта ў тэрміналёгіі, датыкаючай вырабу зямлі.

У найдаўнейшых усходна-славянскіх пісаных помніках чыннасьць падыманьня грунту на ральлю называецца араньнем: „оже то начнет орати смерд.“ (Летапіс, Лаўр. сьп., пад 1103 г.). „Мартин жаловал на Микулу: коли орал свое поле, тогды упустил мошню“. (Вісьліцкі Статут, рук. XV ст.).

Працаўнік, які вырабляе зямлю, называецца ратаем скрозь, пачынаючы ад былін: ... „услышал в поле ратая... орет в поле ратай.“ (Быліна аб Вользе). ... Тогда ретко ратаеве кикахуть (Слова аб палку Ігара). „І коли мене немцы на мори поймали и он без мене, на том моем поли пять сох наехавши порубал ратаев збил.“ (Літоўская мэтрыка, т. I, б. 11).

Узараная зямля – называецца „ральлёй“: ... „яко ити хочем, погубити смерды и ролью их“ (Летапіс, Лаўр. сьп. пад 1103 г.).

Сталая праца на зямлі называецца ратайствам: „ратайством и рибарством бавечысе“ (Александрыя, рук. XVII ст.).

Дададзенымі цытатамі і ў сотай частцы не вычэрпуецца кніжны матар'ял да цікавячай нас тэрмінолёгіі, але і гэтага даволі, каб бачыць, што „орать“, „ратай“, „ролья“, „ратайства“ ўжываліся, як агульна вядомыя і зразумелыя словы, на працягу доўгіх гадоў.

Калі-ж: пяройдзем да сучаснасьці, то лёгка пераканаемся, што павыжшая тэрміналёгія звыклая такжа і для жывой беларускай мовы.

Словы „араць“, „араньне“ ўжываюцца скрозь, на ўсім абшары этнографічнай Беларусі, як „ральля“ і „аральля“.

Слова „ратай“ (мн. лік. „ратаі“) гэтак сама захавалася на ўсім абшары, а толькі мясцамі прыбрала для поўнагалосься (а можа і па аналёгіі са словам „араць“) гук „а“ перад пачатным „р“: „аратай“, „араты“.

Слова „ратайства“ ў апошняе стагодзьдзе, з добрымі вынікамі, выціскалася стала расійскім кніжна-адміністратыўным „земледелие“, „землепашество“ і нават часткова польскім „rolnictwo“, так што ўцалела толькі мясцамі ў Заходняй Беларусі, дый там яно ўжо належыць да рэдкіх слоў. Хоць у Пружанскім павеце (Горадзеншчына), каля Шарашэва, утрымалася дагэтуль слова „ратары“ ў значэньні расійскага „земледельцы“, „землепашцы“.

Калі пачалося адраджэньне новачаснай беларускай пісьменнасьці, слова гэтае не адразу было знойдзена. Яго нашаніўцы яшчэ ня ведалі. Пры нястачы ўласнага слова былі ў нашу пісьменнасьць уведзены выкаваныя на Украіне не саўсім лёгічныя наватворы „земляробства“ (зямлю рабіць) і хлебаробства (хлеб рабіць). Першае з іх ёсьць пунктуальны пераклад расійскага „земледелие“, другое – украінскі наватвор, пабудаваны такжа паводле таго-ж расійскага першатвору.

„Земляроб“ і „хлебароб“, як словы штучныя і лёгічнай цэласьцю з нашай зямельнай тэрміналёгіяй не зьвязаныя, павінны быць заступлены ўласным словам – „ратайства“. Не ўласьцівыя мове наватворы робяць мову цяжкой, і іх трэба ўнікаць ня толькі ў пісьменьніцкай, але і ў адміністратыўнай практыцы.

«Узвышша», № 5, 1927 г., б. 198.

Пасьляслоўе праф. Ніны Баршчэўскай

Нацыянальная мова ў дасьледаваньнях беларускага эміграцыйнага асяродку ў Коўне[8]

У сваім кароткім выступленьні абапіраюся толькі на часопіс "Крывіч", пакідаючы па-за ўвагай, у сувязі з абмежаваным часам, дзьве працы Вацлава Ластоўскага: *Гісторыю беларускай (крыўскай) кнігі* (Коўна 1926) і *Расійска-Крыўскі (Беларускі) слоўнік* (Коўна 1924).

Часопіс "Крывіч" (№№ 1–12) выдаваўся ў Коўне ў 1923–1927 гадох пад рэдакцыяй згаданага ўжо В. Ластоўскага і К. Дуж-Душэўскага.

Сярод моўных і мовазнаўчых праблемаў, а таксама тых пытаньняў, якія шчыльна зьвязаныя зь гісторыяй народу і ягонай мовай, варта назваць гэтакія тэмы, як: найменьні й гісторыя розных плямёнаў, уласныя асабовыя й геаграфічныя ці астранамічныя назовы, суадносіны паміж мовай і

---

[8] Рэфэрат прачытаны на Міжнароднай навуковай канфэрэнцыі "Беларуская культура й мова ў кантакце зь іншымі народамі" ў Варшаве ў 1997 годзе; апублікаваны ў: Język i kultura białoruska w kontakcie z sąsiadami, Варшава 2001, с. 35–46.

народам, прысутнасьць беларускае мовы ў розных установах Беларусі, прычыны заняпаду беларускае мовы.

Разглядаліся розныя помнікі беларускага пісьменства, разьвіцьцё друкарскай справы на беларускіх землях, прычыны нішчэньня кніг. Аўтары "Крывіча" сачылі за выдавецкімі справамі. Зьмяшчалі ў "Крывічы" рэцэнзіі розных твораў, інфармацыі пра іх пераклады. У рубрыцы *Кнігапіс і Крытыка* паведамлялі сваім чытачом пра розныя кнігі й часопісы, якія выходзілі ня толькі ў Беларусі, але таксама і ў суседніх дзяржавах. Увагі заслугоўваюць інфармацыі пра лексыкаграфічную працу. Дарэчы, у "Крывічы", апрача зьвестак пра розныя слоўнікі, якія паяўляліся ў той час, зьмяшчаліся й матэрыялы да слоўнікаў, сабраныя й апрацаваныя мовазнаўцамі, якія адначасова былі супрацоўнікамі гэтага часопіса.

Аўтары "Крывіча" вялікае значэньне надавалі чысьціні беларускае мовы, і таму паяўлялася шмат артыкулаў пра запазычаньні з другіх моваў. Вялікае месца адводзілася лексычнай сынаніміцы ў беларускай мове, сэмантыцы канкрэтных словаў, часам вельмі блізкіх па гучаньні, словаўтварэньню й фанэтыцы беларускае мовы.

Сярод артыкулаў, зьвязаных зь **гісторыяй народу і ягонай мовай**, трэба назваць публікацыі Ю. Верашчакі: *Аб найменьнях "Гуды" – "Крывічы" – "Русь"*[9], А. Матача: *Абшар займаны Крывічамі і крыўская колёнізацыя*[10], Ю. Сулімірскага: *Аб назовах "Крывія" і "Беларусь"*[11]. Разглядаюцца таксама назовы іншых плямёнаў.

Няма ніводнага народу, які б засяляў свой край спершапачатку, як і няма ніводнага народу, які б на працягу ўсяе свае гісторыі заўсёды насіў адно й тое самае імя, – піша Ю. Верашчака. Найменьні народаў і дзяржаваў

[9]Ю. Верашчака (псэўданім Вацлава Ластоўскага), *Аб найменьнях "Гуды" – "Крывічы" – "Русь"*, "Крывіч", № 1, Коўна 1923, с. 17–25.

[10]А. Матач, *Абшар займаны Крывічамі і крыўская колёнізацыя*, "Крывіч", № 10, Коўна 1925, с. 27–36.

[11]Ю. Сулімірскі, *Аб назовах "Крывія" і "Беларусь"*, "Крывіч", № 10, Коўна 1925, с. 36–46.

мяняліся пад уплывам перасяленьняў, унутраных асацыяцыяў, чужаземных заваёваў, зьмены пануючай дынастыі альбо веры, заснаваньня новага нацыянальнага цэнтра і г.п.

Усе гэтыя перамены перажывала й Беларусь, і гэтакім працэсам вытвараўся беларускі народ. Сьляды гэтага захаваліся ў назовах, якія ў дачыненьні да беларусаў выкарыстоўваюць суседзі: ліцьвіны называюць беларусаў *Gudai*, а латышы – *Kreevu*. Найменьне *гуды* не распрацаванае па той прычыне, што яно не захавалася ў пісаных гістарычных помніках, тым часам назову *крывічы* ня трэба шукаць у далёкіх крыніцах. На тэрыторыі, займанай калісь крывічамі, а цяпер іхнымі нашчадкамі беларусамі, слова крывіч ужываецца ў штодзённым жыцьці й азначае блізкіх па крыві, родных. Цікава заўважыць, што *гэтунамі*, *гегунамі*, *гецікамі* вялікарусы называюць беларусаў і сёньня, адзначаючы такім чынам адменную вымову беларусамі слова гэты, – адзначае Ю. Верашчака. Найменьне Русь – не славянскага паходжаньня. Прынесена яно норманамі ў IX ст. Ягонае пашырэньне між славянскіх плямёнаў адбывалася шляхам пашырэньня хрысьціянства.

А. Матач на падставе назоваў мясцовасьцяў з коранем *крыў* вызначае тэрыторыю крывічоў паміж вытокамі рэк Дзьвіны, Дняпра, Волгі ды паўднёвай часткай Азёрнага Краю.

На старонках “Крывіча” вызначаліся назовы іншых плямёнаў. У артыкуле *Што трэба разумець пад найменьнямі – “Паляне”, “Дрыгвічы”, “Дрэўляне”* чытаем:

“З паміж плямён вылічаных ў *Повесьці Временных лет*, Лаўрэнціеўскага сьпіску (*Паляне*, *Дрэўляне*, *Ноўгародцы*, *Палачане*, *Дрэговічы*, *Север*, *Бужане*, *Велыняне*, *Крывічы*, *Вяцічы*, *Радзімічы*, *Хорваты*, *Дулебы*, *Улічы* і *Тіверцы*), толькі назовы – *Крывічы*, *Вяцічы*, *Радзімічы*, *Хорваты*, *Дулебы* можна назваць племяннымі, рэшта: *Паляне*, *Дрэўляне*, *Палачане*, *Бужане* – назовы топографічныя; *Ноўгородцы*, *Велыняне*, *Улічы*, *Тіверцы* – назовы ад галоўнага гораду; *Север* – назова азначаючая геаграфічнае палажэньня краю, ці групы насяленьня ў стасунку да другой, палуднёвай групы"[12]. Апрача назоваў плямёнаў і народаў, на старонках "Крывіча" разглядаліся найменьні рэк (Нёмана, Нямігі, Дняпра)[13] і назовы найважнейшых сьвятаў крывічоў (красьнік, Вялікдзень, Купальле, Каляды й Дзяды)[14].

У 6 нумары часопіса "Крывіч" зьмешчаны артыкул Власта пра беларускія імёны. Загаловак артыкула – *Крыўска-Беларускі іменьнік*[15]. Паведамляецца ў ім пра зьмены гучаньня імёнаў пры пераходзе з аднаго ўзросту ў іншы. Дзеля прыкладу: малы хлопчык Петрык, падрастаючы атрымліваў імя Пятрук, становячыся кавалерам пачынаў называцца Петрусём, пасьля жаніцьбы пераўтвараўся ў Пятра, а пастарэўшы й ажаніўшы сваіх дзяцей – у Петраша. Аднак гэтае багацьце беларускае мовы паддалося нівэлюючаму чужому ўплыву. Першымі прыкметамі зьменаў сталася ўжываньне жаночых канчаткаў у мужчынскіх дэмінутыўных імёнах, як Янка, Генька, Стаська. Гістарычная літаратура паказвае нам, – заўважае Власт, – што раней гэтакіх жаночых формаў у мужчынскіх імёнах не ўжывалі. Там маем формы Янусь, Генюсь, Стасік альбо Янцісь, Генцісь. Часта выкарыстоўваліся таксама формы мужчынскіх імёнаў з націскным канчаткам **-о**: Янко, Станько, Грынько. У згаданым артыкуле Власт прывёў усе формы для 219 беларускіх мужчынскіх і жаночых імёнаў.

Праблемы гісторыі мовы закраналіся ў артыкулах, прысьвечаных суадносінам паміж мовай, народам і расай[16], паміж літаратурнай мовай і дыялектамі[17]. Адным з

[12]*Што трэба разумець пад найменьнямі – Паляне, Дрыгвічы, Дрэўляне*, "Крывіч", № 3, Коўна 1923, с. 53.

[13]*Нёман і Няміга*, "Крывіч", № 9, Коўна 1925, с. 99; *Дняпро ці Няпро?*, "Крывіч", № 11, Коўна 1926, с. 113.

[14]Пагашчанін (псэўданім Вацлава Ластоўскага), *Крывічанскія Дзяды*, "Крывіч", № 12, Коўна 1927, с. 66–69.

[15]Власт (псэўданім Вацлава Ластоўскага), *Крыўска-Беларускі іменьнік*, "Крывіч", № 6, Коўна 1923, с. 34–43.

[16]А. Чыжыловіч, *Мова, народ, раса*, "Крывіч", № 4, Коўна 1923, с. 31–34.

[17]Аргус, *Мова ці дыялект, народ ці племя?*, "Крывіч", № 5, Коўна 1923, с. 45–48.

самых важных прызнакаў, які аддзяляе паняцьці мовы й дыялекту, зьяўляецца існаваньне выдатных літаратурных помнікаў. Дзеля падняцьця дыялекту на ўзровень мовы неабходная і нацыянальная тоеснасьць жыхарства, якое карыстаецца гэтым дыялектам і якое супрацьстаўляе сябе іншым народам. Трэба таксама, каб гэтае насельніцтва пражывала кампактна на дастаткова вялікай тэрыторыі[18].

Phologus адзначае, што гутарка не зьяўляецца малодшым, але старэйшым братам літаратурнае мовы. Гутарка разьвіваецца разам з мовай. Яна ціхая, нязграбная, але здаровая жыхарка вёскі. "Слоўнік "гутаркі" вельмі багаты, але іншы, чым слоўнік літаратурнай мовы. У ім няма філязафічных тэрмінаў. Затое ён вельмі вялікае значэньне мае для разьвіцьця літаратурнай мовы. Як селянін корміць і поіць горад, так "гутарка" падтрымлівае істнаваньне літэратурнай мовы"[19].

На старонках "Крывіча" зьмяшчаліся таксама палемічныя артыкулы. У 2 нумары часопіса Ластоўскі прыводзіць меркаваньні расейскіх вучоных пра беларускую мову, якія потым аспрэчвае. У артыкуле пад загалоўкам *Пагляд расійскіх вучоных на беларускую мову*[20] аўтар паклікаецца на працу праф. Я. Карскага *Обзор звуков и форм белорусской речи*, дзе цытуюцца розныя выказваньні пра беларускую мову. Адны зь іх лічылі яе дыялектам вялікарускай мовы, другія – украінскай, і толькі некаторыя прызнавалі яе самастойнай мовай. Ластоўскі адзначае, што за апошнія сто гадоў гэта вялікаруская мова прыблізілася да беларускай і формамі, і слоўнікам, а не наадварот. Прыкладам можа быць слоўнік Насовіча (каля 30 000 словаў), цалкам

[18] Аргус, Тамсама, с. 46–47.

[19] Philologus, *Мова і гутарка (дыялект)*, "Крывіч", № 11, Коўна 1926, с. 105.

[20] Л–кі (крыптонім Вацлава Ластоўскага), *Пагляд расійскіх вучоных на беларускую мову*, "Крывіч", № 2, Коўна 1923, с. 24–27.

уключаны ў *Расійскі акадэмічны слоўнік*, ня кажучы ўжо аб ранейшых запазычаньнях.

На старонках "Крывіча" паведамлялася таксама пра **помнікі беларускага пісьменства**: у 11 нумары гэтага часопіса знаходзіцца інфармацыя пра крывічанскія кнігазборы XV ст.[21], у 5 нумары апісваюцца беларускія друкі часоў Студзеньскага паўстаньня[22], у 8 і 9 нумарох зьмешчаныя фрагмэнты *Аль Кітабу*, падрыхтаваныя да друку Янам Станкевічам[23], у гэтым жа 8 нумары знаходзіцца таксама зацемка пра новую знаходку – рукапіс опэры В. Дуніна-Марцінкевіча *Розна Міласьць бывае*[24].

Вялікая колькасьць помнікаў беларускага пісьменства была зьнішчаная. У 7 нумары "Крывіча" зьмешчаны артыкул В. Ластоўскага пра паленьне кніг на Беларусі, якое адбывалася на працягу XVI, XVII і XVIII стагодзьдзяў і праводзілася рознымі веравызнаньнямі, а ў 8 нумары "Крывіча" тэму працягвае Алесь Смаленец, які апісвае зьнішчэньне вуніяцкіх кніг. Толькі за тры гады было спалена больш за 2000 кніг[25].

Друкарская справа на беларускіх землях – гэта наступная тэма, шырока закранутая на старонках "Крывіча". Паведамлялася пра Жыровіцкую друкарню[26], пра Пачайнскую друкарню[27], пра рухомыя друкарні на Беларусі й Украіне[28], пра дзейнасьць такіх друкароў, як: Пятро

[21]*Крывічанскія кнігазборы XV ст.*, "Крывіч", № 11, Коўна 1926, с. 112.

[22]А. Ружанец-Ружанцоў, *Беларускія друкі часоў другога паўстаньня*, "Крывіч", № 7, Коўна 1924, с. 94.

[23]Я. Станкевіч, *Адрывак з Ай Кітабу*, "Крывіч", № 8, Коўна 1924, с. 46–50; Я. Станкевіч, *Апавяданьне з "Ал.ь Кітабу"*, "Крывіч", № 9, Коўна 1925, с. 69–79.

[24]*Рукапіс Дуніна-Марцінкевіча*, "Крывіч", № 8, Коўна 1924, с. 108.

[25]В-ст. (крыптонім Вацлава Ластоўскага), *Паленьне кніг на Беларусі*, "Крывіч", № 7, Коўна 1924, с. 59–62; А. Смаленец, *Да стацьці В-ста: "Аб паленьні кніг на Беларусі"*, "Крывіч", № 8, Коўна 1924, с. 31–33.

[26]Г. Л., *Жыровіцкая друкарня*, "Крывіч", № 5, Коўна 1923, с. 53–54.

[27]Т. О., *Пачайнская друкарня*, "Крывіч", № 8, Коўна 1924, с. 105.

[28]С. Т., *Рухомыя друкарні на Беларусі і Украіне*, "Крывіч", № 7, Коўна 1924, с. 94.

Мсьціславец[29], Марцін Янкус[30] і, зразумела, Францішак Скарына[31].

Немалая ўвага адводзілася аўтарамі "Крывіча" і **беларусізацыйным дзеяньням** пачатку 1920-х гадоў[32]. Адкрываліся курсы беларусазнаўства, адчыняліся новыя школы, выпрацоўваліся новыя праграмы па беларускай мове й літаратуры, праводзіліся сэмінарскія працы: дасьледавалася творчасьць беларускіх пісьменьнікаў, а таксама фальклёр – казкі, легенды, абрадавая й бытавая паэзія.

Праводзілася лексыкаграфічная праца. Апрача паведамленьняў пра выдадзеныя друкам слоўнікі (*Матэматычны слоўнік* К. Душэўскага й В. Ластоўскага[33], *Расійска-беларускі і беларуска-расійскі слоўнік геомэтрычных і трыгономэтрычных тэрмінаў* К. Дуж-Душэўскага й В. Ластоўскага[34], *Беларуска-Расійскі слоўнік* М. Байкова й С. Некрашэвіча[35], *Віцебскі краёвы слоўнік* М. І. Касьпяровіча[36]), зьмяшчаліся таксама матэрыялы да беларускага слоўніка. У 4 нумары "Крывіча" ў *Матэрыялах да беларускага слоўніка*[37] аўтарства Власта прыводзіцца этымалёгія некаторых слоў, напр. *мара*: "Галоўнай эмблемай нячыстай сілы ў славянаў была *Марана, Морэна, Марва* ад санскрыц. *mri* –

[29] В. Л. (крыптонім Вацлава Ластоўскага), *Хто быў першы друкар у Маскве*, "Крывіч", № 5, Коўна 1923, с. 49–50.

[30] В. Ластоўскі, *Беларускія (крыўскія) друкі ў Тыльзіце*, "Крывіч", № 11, Коўна 1926, с. 106.

[31] В. Ластоўскі, *Доктар Францішак Скарына*, "Крывіч", № 8, Коўна 1924, с. 3–12.

[32] *Камісыя беларусазнаўства, Перагляд праграмы па беларускай мове й літэратуры ў Сав. Беларусі, Беларускі культурны рух на Гомельшчыне, Сэмінарыі па беларускай літэратуры ў Бел. Дзяр. Унівэрсытэце*, "Крывіч", № 2, Коўна 1923, с. 54–55.

[33] *Матэматычны слоўнік*, "Крывіч", № 2, Коўна 1923, с. 62.

[34] *Слоўнік геомэтрычных і трыгономэтрычных тэрмінаў*, "Крывіч", № 4, Коўна 1923, с. 56.

[35] М. Байкоў і С. Некрашэвіч, *Беларуска-Расійскі слоўнік*, "Крывіч", № 12, Коўна 1927, с. 116–117.

[36] М. І. Касьпяровіч, *Віцебскі краёвы слоўнік*, "Крывіч", № 12, Коўна 1927, с. 117–118.

[37] Власт (псэўданім Вацлава Ластоўскага), Матэрыялы да беларускага слоўніка, "Крывіч", № 4, Коўна 1923, с. 30–31.

‘паміраю, сьмерць’, лац. *mors* ‘багіня сьмерці, зімы і ночы’, аднаго караня са славамі: *мор, паморак* ‘пошастная хвароба’, *морак* ‘цемень’, *мары* ‘насілкі для нябошчыкаў’, *мара* ‘нячыстая сіла, сонны кашмар, прывід’, *марыць* ‘мучыць’, *мерат* ‘чорт’, *зьмерк, меркаць, зьмеркаць* ‘цемень, цямнець’, *мрэц, мярцьвец, мярляк* ‘нябошчык’, *мярэкаць* ‘мала знаць, біцца ў цямнаце, з трудом распазнаваць, разумець’, *марокаваць* ‘хмарыцца, дуцца’, *амарока* ‘зацямненьне’, *марочыць* ‘дурыць’, *мярцьвець* ‘заміраць’, *сморад, сьмярдзець* ‘мець благі пах’, *хмара* ‘туча’, *хомар, хомарна* (на Палесьсі) ‘туман, імгла, мароз’[38]. У гэтым жа 4 нумары “Крывіча” зьмешчаныя таксама *Матэрыялы да беларускага зельніка аўтарства* В. Ластоўскага[39]. Гэты слоўнічак сабраны ў гадох 1911–1914, часткова на Лепельшчыне й Дзісеншчыне, а часткова ў Пружанскім павеце. Сьпіс назоваў расьлін павялічаны, дзякуючы выкарыстаньню прац М. Фэдэроўскага *Lud Białoruski na Rusi Litewskiej* ды І. Насовіча *Словарь белорусского наречія*. З працы М. Фэдэроўскага В. Ластоўскі прывёў некалькі дзясяткаў найменьняў расьлін, сабраных на Барысаўшчыне кала 1820 г., а з працы І. Насовіча – найменьні расьлін, запісаныя на Гарадзеншчыне у 1890-х гадох. Зельнік уложаны паводле лацінскай тэрміналёгіі й ахоплівае 276 назоваў расьлін.

У 7 нумары “Крывіча” зьмешчаная праца пад загалоўкам *Номэнклятура беларускіх птушак*[40]. Назовамі птушак займалася камісія, у склад якой увайшлі: праф. Т. Іваноўскі, В. Ластоўскі і К. Дуж-Душэўскі. У працы прыводзіцца каля 200 назоваў птушак, якія найчасьцей трапляюцца на Беларусі. Усе птушкі падзеленыя на 13 груп: хіжацкія птахі – Raptatores, вераб’іныя – *Passeres*, стрыжавыя – *Macrochires* (*Cypselomorphae*), зязюліныя – *Coccygomorphae*, дзятлавыя – *Pici* (*Scansores*), галубіныя – *Columbi-*

[38]Тамсама, с. 30.

[39]В. Л–скі (крыптонім Вацлава Ластоўскага), *Матэрыялы да беларускага зельніка*, “Крывіч”, № 4, Коўна 1923, с. 40–44.

[40]*Номэнклятура беларускіх птушак*, “Крывіч”, № 7, Коўна 1924, с. 48–59.

nae, курыныя – *Gallinacei s Rasores*, доўганогія – *Grallatores s Gralla*, бацяновыя – *Ciconiae* (*Herodiones*), лапаногія – *Lamellirostres*, доўгакрылыя – *Longipennes* і нырчакі – *Urinatores* (*Impennes*). Кожную групу складае некалькі сем'яў. Найбольш шматлікая група вераб'іных птахаў. Да вераб'іных належаць сем'і: варонавых – *Corvidae*, шпакоў – *Sturnidae*, сініц – *Paridae*, каралькоў – *Regulidae*, перасьмешнікаў – *Laniidae*, вішневак – *Oriolidae*, мухаловак – *Muscicapidae*, амялушак – *Ampelidae*, плісак – *Motacillidae*, стрынатак – *Sylvidae*, шылахвосьцікаў – *Accentoridae*, крапіўнікаў – *Troglodytidae*, драздоў – *Turdidae*, падкамёнак – *Saxicolinae*, папаўзьнёў – *Sittidae*, лазункоў – *Certhiidae*, ластавак – *Hirundinidae*, жаўрукоў – *Alaudidae*, падарожнікаў – *Emberizidae* і юркоў – *Fringillidae*.

У 8 нумары часопіса "Крывіч" зьмешчаныя назовы, зьвязаныя з хатай і гаспадарскім рыштункам[41] зь Лідзкага й Горадзенскага паветаў. Дапаўненьні зь іншых частак Беларусі адмечаныя асобна. Лексыка вельмі багатая, напр. пры слове *воз* знаходзім наступныя назвы: (на Брацлаўшчыне) *воз* альбо *калёсы*; калёсы для сена – гэта *драбы* (на Горадзеншчыне), а так *вазок, драбкі, драбчак*; (на Дзісеншчыне) – для сена і наагул для возкі – *панарад, калёсы*. Калёсы складаюцца з чатырох *колаў*, дзьвюх *аглабель (галабель)*, ад якіх да *восяў* ідуць *атосы*; атоса пятлёй *гапкай* надзяецца на вось; на восі накладаюцца *узлаўкі* альбо *падушкі* (на Дзісеншчыне), у якія ўпушчаны *ручкі*, на якія закладаюцца *драбіны*; на узлаўках ляжаць дзьве жэрдкі – *аберніцы; шворан* зьвязвае перадок з задком; *трайніла, траніла, трамка* злучае задні узлавак зь пярэднім; да узлаўка прымацоўваецца *развод* – доўгае аглабельнае дрэўца; развод мае дзіркі, у дзірку па-за заднім узлаўкам укладаюць *затычку* на патрэбную даўжыню разводу (на Горадзеншчыне *разворка*); *снасьць* – воз, складзены толькі зь перадка й заду з узлаўкам і разводам (разворам); *загваздка* ўсаджваецца ў канцы восяў, каб не спадалі колы; *люшні* –

[41] М. Чарнецкі, *Хата, хатні і гаспадарскі рыштунак*, "Крывіч", № 8, Коўна 1924, с. 65–74.

адным канцом насаджваюцца на восі, а пасьля затыкаецца загваздка, другі (верхні) падтрымлівае драбіны; *вітка* – робіцца зь ядлоўца, лазы ці дроту, яна насаджваецца на люшню, абнімае верхнюю жэрдку драбіны й закладаецца на ручку; *пярэдніца* – вяроўка, зачэпленая абодвума канцамі за пярэднія канцы споду драбіны; ёю абкручваюць ‘жэрдзь’ пры ўцісканьні сена на возе – *жэрдка, жэрдзь* альбо *парубень* (Дзісеншчына), *рубель* (Дрысенскі павет)[42].

У 11 нумары "Крывіча" прыводзіцца рачное імязоўніцтва, у асноўным зьвязанае з ракою Дзьвіной. Самае глыбокае цячэнне ракі – гэта *ручво*, шырокае й ціхае называецца *плесам*, а звужанае з хуткім цячэньнем вады акрэсьліваецца словам *турэц*[43].

У 12 нумары "Крывіча" Д. Чарняўскі прыводзіць вынікі сваіх дасьледаваньняў на тэму г. зв. "бабскай меры"[44]. Мера *палец* раўняецца таўшчыні спаказчага пальца; *корх* – шырыня трох пальцаў распрастанай далоні; *пяда* – распрастаныя пальцы рукі – ад верху вялікага пальца пянтуха да канца сярэдняга пальца даўгача; *локаць* – рука ад локцявай косткі жбіцы да верху сьціснутай у кулак далоні = 36 см; *наручка* альбо *стан* – лічыцца ад канца вялікага пальца пянтуха да сярэдзіны грудзей = 108 см; *сяжан* заключае ў сабе шэсьць локцяў і выражае меру разьнятых раўналегла з плячамі рук = 216 см; *сьцяна* раўняецца тром сяжням, значыць = 648 см; *пастаў* раўняецца 54 локцям, значыць = 1744 см.

У 7 нумары "Крывіча" зьмешчаная таксама публікацыя М. Нікіфароўскага *Напоўпрыслаўкі, напоўпрыказкі*[45], у якой аўтар прыводзіць шматлікую колькасьць арыгінальных беларускіх устойлівых словазлучэньняў, тыпу: *грэць шылам ваду* ‘да вялікай справы рабіць малы высілак’, *у сабакі*

[42]Тамсама, с. 73.

[43]*Рачное імязоўніцтва*, "Крывіч", № 11, Коўна 1926, с. 111.

[44]Д. Чарняўскі, *Так званая "бабская мера"*, "Крывіч", № 12, Коўна 1927, с. 106.

[45]М. Нікіфароўскі, *Напоўпрыслаўкі, напоўпрыказкі*, "Крывіч", № 7, Коўна 1924, с. 13–23.

вочы пазычыць 'не стыдацца, не чырванець пасьля благога паступку' ці *просім на голы банкет, просім у голыя госьцікі* 'запросіны ў лазьню'.

Аўтары "Крывіча" вельмі асьцярожна адносіліся да ўсялякага роду **запазычаньняў** у беларускай мове. На старонках гэтага часопіса паявілася вялікая колькасьць публікацыяў, прысьвечаных згаданай тэме.

Ю. Верашчака задумоўваецца над тым, хто ў каго запазычвае?[46] Разглядаючы гістарычную мінуўшчыну й польска-беларускія ўзаемаўплывы, абапіраецца на працы польскіх вучоных, м. ін. Б. Хлебоўскага. "*Трэба нам прыпомніць, што ад абраньня Ягайлы на караля польскага, ў Кракаве пачала функцыянаваць яго прыбочная, літоўская канцалярыя, якая пісала ўсе дакуманты па беларуску, і, што, пераходзячы ад лаціны і нямеччыны да пісаньня ў сваей мове, палякі бралі жыўцом формы дакумантаў, юрыдычныя тэрміны і сказы з беларускай мовы. Урэшце прыпомнім пераклад* Статуту Вял. Кн. Літоўскага *з беларускай мовы на польскую, і тое, што тэрміналёгія беларуская была ўзята да польскага перакладу жыўцом у мову польскую.*

Узяўшы ўсё гэта пад увагу мы зразумеем, які аграмадны запас лексычнага беларускага і украінскага матэрьялу быў прысвомлены палякамі ў працягу, ад XIV да XVII ст. Але польскія запазычаньні на XVII ст. не спыніліся. І ў XVIII ст. найбольшы культурны уклад ў польскую літэратуру зрабілі людзі ўзгадаваныя ў нашым краю.

Найбольшыя захваты беларускага лексычнага матэрьялу ў польскую мову прыпадаюць на XIX ст., калі палякі, утраціўшы палітычную незалежнасьць і будучы разьдзелены на тры часьці, паставілі сабе сьвядома заданьне, у мэтах збліжэньня ўсіх быўшых у межах Польшчы зямель, лучыць іх на грунце адзінай літэратуры. А дзеля гэтага пастаноўлена было дасканаліць польскую мову пры помачы "провінцыяналізмаў". Як ведама найбольшы лік польскіх пісьменьнікаў

[46]Ю.Верашчака (псэўданім Вацлава Ластоўскага), *Хто ў каго запазычвае?*, "Крывіч", № 6, Коўна 1923, с. 24–31.

XIX ст. былі родам з Беларусі... (...) Хоць за 500 летняе сужывецтва і ў нашу мову увашло шмат польскіх слоў"[47].

Немалая была колькасьць публікацыяў на старонках "Крывіча", у якіх крытыкавалася празьмерная колькасьць русыцызмаў у беларускай мове[48], такіх як: *вопыт мінулага* замест *практыка мінуўшага* альбо мінуўшчыны, *вучасткі зямлі* замест *дзялянкі зямлі*, ці *прыняты ўсе меры* замест *зроблены захады* і г. д.

"З гістарычнай практыкі ведама нам, да чаго гэткая асыміляцыя давяла нашу мову ў XVI ст.: давяла яна да таго, што ужо ў XVII ст. крыўская кніжная мова сталася аднолькавай з польскай. У некаторых помніках рожніца між аднэй і другой была толькі ў літарах, дык урэшце-рэшт крыўская (беларуская) мова, як мова палітычна слабейшай націіі, павінна была ўступіць мейсца польскай. Калі-ж у Радавай Беларусі (Крывіі) пойдзе далей такая асымілятарская работа, то ці ня станецца гэта самае і другі раз? Гісторыя, кажуць, паўтараецца..."[49]. Толькі на гэты раз пагрозу аказвае расійская мова.

У 11 нумары "Крывіча" В. Ластоўскі ў артыкуле пад загалоўкам *Праграма зьбіраньня вуснае народнае творчасьці*[50] праяўляе задавальненьне з тае прычыны, што Інстытут Беларускае Культуры ў Менску пераходзіць ад паверхнаснай трактоўкі крывічанскай мовы й культуры да больш грунтоўных досьледаў, а менавіта, зьвяртаецца да

[47]Тамсама, с. 30. Праблематыцы ўплыву беларускай мовы на польскую прысьвечаны таксама публікацыі: А. С., *Калі беларуска-крыўскае слова "разьдзел" уведзена ў польскую мову?*, "Крывіч", № 7, Коўна 1924, с. 96; В. Л. (крыптонім Вацлава Ластоўскага), *Якімі наіўнымі спосабамі польскія прафэсары полёнізуюць Вільню*, "Крывіч", № 11, Коўна 1926, с. 112–113.

[48]Ю. В. (крыптонім Вацлава Ластоўскага), *Пляновая асыміляцыя*, "Крывіч", № 8, Коўна 1924, с. 96–100; *"Савецкая Беларусь" (1 лютага № 25 (1917) – 20 лютага № 42 (1934)*, "Крывіч", № 12, Коўна 1927, с. 118.

[49]Ю. В. (крыптонім Вацлава Ластоўскага), *Пляновая асыміляцыя*, "Крывіч", № 8, Коўна 1924, с. 99.

[50]В. Ласт., *Праграма зьбіраньня вуснае народнае творчасьці*, "Крывіч", № 11, Коўна 1926, с. 113–115.

першакрыніцаў. Гэта важнае тым больш, – піша аўтар – што Інстытут зрабіў вялікую шкоду беларускай мове выданьнем зборнікаў розных аўтараў пад загалоўкам *Беларуская навуковая тэрміналёгія*, у якой ёсьць шмат памылковых перакладаў з расійскай мовы.

На старонках "Крывіча" разглядаліся таксама **пытаньні сынанімікі** ў беларускай мове. У 5 і 6 нумарох часопіса В. Ластоўскі апублікаваў свае разважаньні пра беларускія аднасловы[51]. Аднасловы прыносяць вялікую карысьць кожнай мове, таму што надаюць ёй гнуткасьць і вытанчанасьць. Але, з другога боку, патрабуюць вельмі ўважлівых адносінаў з увагі на розныя адценьні значэньняў, напр., дзеля адлюстраваньня працэсу маўленьня можна выкарыстоўваць словы: *казаць* 'не ўзаемнае выказваньне, а ад першай, другой ці трэцяй асобы', *гаварыць* 'спакойна размаўляць', *гаманіць* 'гаварыць голасна, запальчыва, сварыцца', *галакаць* 'гаварыць крыкам, крычаць', *галёкаць* 'крычаць на ўвесь голас', *гутарыць* 'гаварыць спакойна, разважліва', *размаўляць* 'сярэдняе па значэньню – паміж гаварыць і гутарыць', *гукаць, дудукаць* 'весьці прыязную размову прыцішаным голасам, так аб усім', *зюкаць* 'гаварыць голасным сьвісьцячым шэптам', *зяпаць* 'бясьсільна крычаць, гаварыць крыкліва й бяз сэнсу'.

"Правільнае ўжываньне аднасловаў надае выразістасьці і хараства мове, але нажаль у нас гэта не заўсёды перасьцерагаецца. Стыльнасьць мовы залежыць асабліва ад лёгічнага ўжываньня тэхнічных слоў. Асабліва часта ў паточнай мове бывае зьмяшаньне слоў "*рэзаць*" і "*кроіць*", калі гавораць аб кроеньні хлеба. "*Рэзаць хлеб*", "*нарэж хлеба*" – брыдкі барбарызм, якога належыцца ўнікаць"[52].

У 7 нумары "Крывіча" В. Ластоўскі прыводзіць таўталягічныя беларускія звароты, выбраныя з Раманава, Шэйна,

[51] Власт (псэўданім Вацлава Ластоўскага), *Беларускія аднасловы*, "Крывіч", № 5, Коўна 1923, с. 29–32; В-т (крыптонім Вацлава Ластоўскага), *Аднасловы*, "Крывіч", № 6, Коўна 1923, с. 43–46.

[52] І., *Рэзаць, кроіць, стругаць, кружаць*, "Крывіч", № 10, Коўна 1925, с. 110.

Бязсонава й Крачкоўскага, тыпу: *бераг-беражысты, дамоўка-труніца, крыніца-вадзіца, нівы-загоны, стукун-грукун, траўка-мураўка*[53].

Аўтары "Крывіча" вялікае значэньне прыдавалі **сэмантыцы**[54]. Вельмі многа ўвагі адводзілася разгляду значэньня асобных словаў, напр. у ваколіцах Мёраў, Шаркаўшчыны ды на Віленшчыне ўжываецца слова *навец*. Наўцом называлі сьвежа памерлага нябошчыка, а таксама нябошчыка, які пасьля сьмерці ходзіць у сваім целе й сьсе кроў. У гэтых ваколіцах навец проціпастаўляўся *мярсьню*, даўно памерламу, які рассыпаўся й ня мае ўжо цела, а паказваецца толькі як дух[55].

Прыводзіліся ў "Крывічы" цэлыя рады вытворных словаў, напр. ад кораня *віт, вет*, які ва ўсіх славянскіх мовах выражае паняцьце аб:

– мове, вымаўленьні, красамоўстве: *вітаць* 'сустракаць словамі, жадаючы добрага жыцьця й здароўя', *вітальніца* 'пакой, сьвятліца, у якой прымаюць гасьцей', *вяшчаць* 'прапаведаваць, прарокаваць', *весьціць* 'паведамляць', *вяшчба* 'прароцтва', *вешчы* 'каму ўсё ведама і хто прадказвае будучыню', *вяшчэль* 'адгадчык, прарок', *вешчыца* – паводле Даля, – 'ведзьма, якая кладзе сваё цела на

[53]В. Л. (крыптонім Вацлава Ластоўскага), *Таўтолёгія*, "Крывіч", № 7, Коўна 1924, с. 90–91.

[54]Л. А., *Аб значэньні слова "бонда"*, "Крывіч", № 3, Коўна 1923, с. 51–52; У. С., *Што такое "дунай"*, "Крывіч", № 5, Коўна 1923, с. 52; К. І., *Слова "друя"*, "Крывіч", № 5, Коўна 1923, с. 53; І. Л., *Навец, наўскі*, "Крывіч", № 6, Коўна 1923, с. 50; А. С., *Палчанін, палачанін*, "Крывіч", № 6, Коўна 1923, с. 50; Т. О., *Выцябкі і поцябкі*, "Крывіч", № 6, Коўна 1923, с. 50; У. С., *Ярасьць і юрнасьць*, "Крывіч", № 6, Коўна 1923, с. 50–51; І. Л., *Аб слове "кабета"*, "Крывіч", № 7, Коўна 1924, с. 96; О. У., *Навязі і кудмяні*, "Крывіч", № 11, Коўна 1926, с. 107–108; А. С., *Аб слове мурава*, "Крывіч", № 11, Коўна 1926, с. 110–111; У. Л., *Карэнь "корс", "корх", выводныя ад яго словы і паняцьці ў крыўскай мове*, Крывіч", № 11, Коўна 1926, с. 110; О. І. (крыптонім Вацлава Ластоўскага), *Аб слове "гаспадар"*, "Крывіч", № 12, Коўна 1927, с. 110–111; Л. А., *Аб кораню "віт", "вет" і выводных словах і паняцьцях*, "Крывіч", № 12, Коўна 1927, с. 108–109; С. Т., *Словачын "рымзаць" і выводныя ад яго словы і паняцьці*, "Крывіч", № 12, Коўна 1927, с. 109–110.

[55]І. Л., *Навец, наўскі*, "Крывіч", № 6, Коўна 1923, с. 50.

ступу, а сама вылятае сарокай праз комін', *вядун* 'знахар', *ветны* 'бывалы чалавек, які многа ведае', *ветлы* 'прыветлівы, які ведае абычаі, тарарыскі этыкет';

– старшынстве, старасьці, вечнасьці; пераможнасьці: *ветхі* 'стары, даўны, аджываючы', *ветах* 'стары месяц', *вечнасьць* 'даўнасьць, як можна мысьлю сягнуць'; *віцязь* 'храбры, удалы ваяр, пераможца'[56].

Аўтары "Крывіча" заклікалі да большай сьцісласьці ў тэрміналёгіі, разглядаючы такія паняцьці, як: *нацыя* й *народнасьць, касмапалітызм* ды *інтэрнацыяналізм*[57].

На старонках "Крывіча" было таксама нямала артыкулаў, прысьвечаных **фанэтычна-граматычным пытаньням** беларускае мовы.

Ян Станкевіч у 8 нумары часопіса заклікае ня блытаць словаў з суфіксамі *-іня* ды *-іна*. Аўтар публікацыі зьвяртае ўвагу на тое, што найменьні з суфіксам *-іня* (*велічыня, глыбіня, шырыня*) маюць абстрактнае значэньне, і толькі слова *старшыня* мае канкрэтнае значэньне, тады калі словы з суфіксам *-іна* азначаюць у асноўным канкрэтныя рэчы й асобы (*дубіна, мякіна, дзяўчына*). Факультатыўнае выкарыстаньне гэтых суфіксаў шкодзіць чысьціні беларускае мовы[58].

У 12 нумары часопіса ў артыкуле, прысьвечаным рэфармаваньню кірылаўскае азбукі, Вацлаў Ластоўскі зьвяртае ўвагу, што ўжо даўно насьпела неабходнасьць рэвізіі ўжываньня ў беларускай пісьменнасьці кірылаўскай азбукі. Забесьпячэньне літаратурнай мове ўмоваў здаровага разьвіцьця ў значнай ступені залежыць ад добрага дапасаваньня пісьмовых знакаў да гукаў жывой мовы ды ўстанаўленьня, згоднага з фанэтыкай і гісторыяй, правапісу. Рэформа – на думку аўтара – павінна йсьці ў напрамку

[56] Л. А., *Аб кораню "віт", "вет" і выводных словах і паняцьцях*, "Крывіч", № 12, Коўна 1927, с. 108–109.

[57] В. Ластоўскі, *Больш сьцісласьці ў тэрміналёгіі*, "Крывіч", № 12, Коўна 1927, с. 69–78.

[58] Я. Станкевіч, *Іменьні з сыфіксам -іня*, "Крывіч", № 8, Коўна 1924, с. 102–103.

скарачэньня колькасьці літар. На працягу свайго разьвіцця мова заўсёды спрашчалася. На пачатак сваю ўвагу засяроджвае ён на ятаваных галосных. Уважае, што можна было б з посьпехам заступіць іх спалучэньнямі літар *а, е, о, у* зь літарй *і*, што пазволіла б адлюстраваць і дыфтонгі, якія існуюць у жывой мове, а пры пісаньні адным знакам – заціраюцца. Непатрэбнае было б і э. Таксама можна было б зрэзыгнаваць з літар *й* ды *ў*. Неабавязкова здольнасьць гукаў скарачацца ці расшырацца трэба перадаваць на пісьме. На думку В. Ластоўскага, зрэфармаваная беларуская мова павінна складацца з 6 літар для азначэньня галосных замест 12 (*а, о, у, е, і, ы*), з 19 зычных замест 23 (*б, в, г, д, ж, з, к, л, м, н, п, р, с, т, ф, х, ц, ч, ш*) і з мяккага знаку (*ь*)[59].

Разглядаліся **фанэтычныя пытаньні**. Пра пашырэньне на тэрыторыі Крывіі (Беларусі) дыфтангічнага вымаўленьня пісалі А. Матач[60] і Я. Станкевіч[61]. На думку А. Матача, калі дыфтонг *уо* перадаецца як *о*, дык мэтазгодна было б дыфтонг *іе* перадавць праз *е* таксама ў канчатках слоў і пісаць *зьвярэ, ваўке*, а не *зьвяры, ваўкі*. Дарэчы, у вымаўленьні займеньнікаў *мае, твае свае* гэта ўжо зроблена, дык чаму ж не пашырыць гэтага правіла й на назоўнікі? – пытае А. Матач і адказвае, што найлепш было б дзеля адлюстраваньня дыфтонгаў знайсьці асобныя літары.

На старонках 10 нумара "Крывіча" Я. Станкевіч разглядаў апазыцыю пачатковых гукаў *о– е* ў славянскіх мовах і адзначае, што чаргаваньне *о–е* зьяўляецца асаблівасьцю праіндаэўрапейскае мовы[62].

Апрача гэтага ў "Крывічы" абмяркоўвалася напісаньне пачатковага *б* і *в* у словах, узятых з грэцкае мовы[63] ды

[59] В. Ластоўскі, *У справе рэформы кірылаўскае азбукі*, "Крывіч", № 12, Коўна 1927, с. 60–66.

[60] А. Матач, *Дыфтонгі уо (юю=іуо), ыэ (іе)*, "Крывіч", № 8, Коўна 1924, с. 104–105; "Крывіч", № 9, Коўна 1925, с. 103–105.

[61] Я. Станкевіч, *Аб "панэ" і г. п.*, "Крывіч", № 9, Коўна 1925, с. 103.

[62] Я. Станкевіч, Пачатнае "о – е" ў славянскіх мовах, "Крывіч", № 10, Коўна 1925, с. 82–85.

[63] Пхілос, Аб напісаньні пачатнага грэцкага б і в ў крыўскай мове, "Крывіч", № 11, Коўна 1926, с. 105–106.

пачатковых спалучэньняў *ур*[64] і *ул*[65]. Аўтары зьвяртаюць увагу на немэтазгоднасьць напісаньня *в* у словах тыпу *варвар* (па-беларуску павінна быць *барбар*) ды пачатковых *ур* і *ул (вораг, валадар)*.

Я тут пералічыла толькі некаторыя тэмы, якія закараналіся на старонках "Крывіча". Але ўжо з гэтых кароткіх інфармацыяў выразна відаць, якое значнае месца адводзілі рэдактары "Крывіча" пад пытаньні нацыянальнае мовы. Асабліва вялікая колькасьць артыкулаў была аўтарства Вацлава Ластоўскага. Гэты выдатны дзеяч беларускага народу, палітык і прэм'ер ураду Беларускай Народнай Рэспублікі, праяўляў вялікую клапатлівасьць пра лёс беларускае мовы, стараўся паказаць яе залаты век і гэтым самым заяўляў, што беларуская мова здольная выконваць ролю мовы дзяржаўнай.

Каб ацаніць ролю беларускага асяродка ў Коўне ды ўсе заслугі Вацлава Ластоўскага на мовазнаўчай ніве, несумненна, трэба заняцца ягонымі дзьвюма грунтоўнымі працамі: *Гісторыяй беларускай (крыўскай) кнігі* і *Расійска-Крыўскім (Беларускім) слоўнікам*, на што не хапіла месца у сёньняшнім дакладзе.

Роля Вацлава Ластоўскага ў адраджэньні беларускае мовы[66]

Вельмі высока дзейнасьць Вацлава Ластоўскага ды ягоную ролю ў адраджэньні беларускага народу ацаніла газэта „Бацькаўшчына"[67]. Янка Станкевіч напісаў, што В. Ластоўскі належыць да тых нешматлікіх беларусаў, якія ня

[64] А. Цл., Аб напісаньні пачатнага ўр у крыўскай мове, "Крывіч", № 11, Коўна 1926, с. 109.

[65] С. К., Аб напісаньні "ўл" у крыўскай пісьменнасьці, Крывіч № 12, Коўна 1927, с. 111.

[66] Апублікавана ў Беларуская эміграцыя – абаронца роднае мовы, Варшава 2004, с. 79–82.

[67] Янка Станкевіч, *Вячаслаў Ластоўскі*, у: „Бацькаўшчына", № 48 (179), Мюнхэн, 6 сьнежня 1954, с. 3–4.

толькі ўсёй душою аддаліся беларускай справе, але аддалі ёй і ўвесь свой час.

Вацлаў Ластоўскі займаўся рэдагаваньнем „Нашай Нівы" ды ўсім, што спрыяла беларускаму руху. Вёў ён нацыянальна ўсьведамляльную працу з усімі, хто прыяжджаў у Вільню й хаця крыху цікавіўся беларускай справай. Вельмі часта кантактаваўся з моладзьдзю: „...заражаючы маладзёнаў ідэяй беларускага нацыянальнага адраджэньня, Ластоўскі ратаваў іх маральна"[68]. Станкевічу здаралася сустракацца зь людзьмі, якія казалі, што калі б Ластоўскі не прышчапіў ім беларускае ідэйнасьці яшчэ ў школьным веку, дык яны ня толькі зьгінулі б для свайго народу, але загінулі б і маральна.

В. Ластоўскі быў добрым публіцыстам. Пасьля доўгага паняволеньня, уціску, зьдзекаў, нішчэньня, нярэдка й фізычнага, у беларускага народу засталася толькі мова ды мінуўшчына – заўважае Я. Станкевіч. Мала які народ здолее пражыць без свае мовы, а бяз мовы ды мінуўшчыны – гістарычнае традыцыі – няздольны да гэтага ніводзін народ. І таму мова й гістарычная традыцыя – найбольш патрэбныя ды найдаражэйшыя скарбы народу. В. Ластоўскі разумеў гэта й моцна рупіўся пра долю нацыянальных скарбаў. Ён вывучыў і напісаў ды выдрукаваў *Кароткую гісторыю Беларусі*, якая мела вельмі вялікае значэньне не таму, што пра Беларусь не было працаў, бо такія гістарычныя працы былі, напрыклад, Адама Кіркора. Значэньне *Кароткай гісторыі Беларусі* аўтарства В. Ластоўскага праяўлялася ў тым, што была яна напісана па-беларуску, што ўжываўся ў ёй назоў Беларусь, гаварылася пра беларускія землі, а не пра „западнорусские".

Вялікія заслугі Вацлава Ластоўскага ў разьвіцьці беларускае мовы. Падрыхтаваў ён і выдаў *Падручны расійска-крыўскі (беларускі) слоўнік*. Станкевіч вельмі крытычна ацаніў гэтую працу, пішучы, што Ластоўскі ня здолеў аддзяліць зерне ад мякіны й толькі папсаваў багаты матэ-

[68] Тамсама, с. 3.

рыял, мяшаючы прыродныя беларускія словы з уласнымі наватворамі.

Інакш на слоўнік В. Ластоўскага глядзяць сёньня мовазнаўцы ў Беларусі. У ацэнцы Алены Ніякоўскай[69]:

„Слоўнік – гэта суцэльны твор, цікавы, дынамічны, арганізаваны вакол адзінай ідэі – нацыянальнай. Так званая экстралінгвістычная частка слоўніка – гэта не толькі гістарычна-этнаграфічны матэрыял; яна ўключае і асобу аўтара, яго адносіны да прадмету даследавання – мовы"[70].

Пра падыход В. Ластоўскага да лексыкі сьведчыць *Прадмова* да слоўніка:

„Слова, гэта ня умоўны знак для выражэньня мысьлі, але мастацкі абраз, вызваны найжывейшымі пачуваньнямі, якія прырода і жыцьцё выклікалі ў первабытным чалавеку. Яно знаходзіцца ў цесным зьвязку з народным бытам, яго сьветаглядам, гісторыяй, звычаямі й абычаямі, а дзеля гэтага мова ёсьць вялікай нацыянальнай легендай і скарбніцай, сьвятой спадчынай, каторая пераходзіць з пакаленьня ў пакаленьне, з дзядоў, на ўнукаў. Ўвесь сьветагляд і паэзія нашых прадзедаў замыкаліся ў мове. Кождае слова было легендай-пагудкай, мітам; было поўнае зьместу і паэзіі: бо міт асновываўся на легендзе, а легенда замыкалася ў слове. Слова ёсьць творчасьцю ўсяго народу; формы слова шліфаваліся многімі пакаленьнямі і сталецьцямі, пакуль сталіся тым, чым яны сягоньня ёсьць"[71].

Многія дасьледнікі спадчыны Вацлава Ластоўскага падкрэсьліваюць, што ягоная лексыкаграфічная праца выкарыстоўваецца пры апрацоўцы беларускай навуковай тэрміналёгіі[72].

[69] Алена Ніякоўская, *„Расійска-крыўскі слоўнік" Вацлава Ластоўскага і беларуская нацыянальная ідэя*, у: Беларусіка – Albaruthenica, № 4, Мінск 1995, с. 301–306.

[70] Тамсама, с. 302.

[71] В. Ластоўскі, *Прадмова*, у: *Падручны расійска-крыўскі (беларускі) слоўнік*, Коўна 1924, с. I.

[72] Сяргей Сідор, Генадзь Смалякоў, *Спадчына Вацлава Ластоўскага і распрацоўка беларускай навуковай тэрміналогіі*, у: Беларусіка – Alba-

„Слоўнік В. Ластоўскага мае агульны характар. У дадатку да яго змешчаны толькі ў перакладзе на беларускую мову назвы птушак, раслінаў, а таксама вайсковыя тэрміны. Тым не менш, як сведчаць матэрыялы навукова-метадычнай канферэнцыі «Актуальныя праблемы беларускамоўнага выкладання тэхнічных і прыродазнаўчых дысцыплін у ВНУ» (Мінск, 1993), многія з выкладчыкаў вышэйшай школы Беларусі пры стварэнні тэрміналагічных слоўнікаў па розных галінах навукі выкарыстоўваюць менавіта гэты слоўнік”[73].

Ян Станкевіч, нягледзячы на крытычную ацэнку *Падручнага расійска-крыўскага (беларускага) слоўніка*, адзначае руплівасьць Ластоўскага пра родную мову. Калі б хаця частка гэтай руплівасьці характарызавала іншых, дык беларускай мове не пагражала б вялікая небясьпека.

„Зь менаванага бачым, што Ластоўскі браў справы глыбока, з карэньня. Дзеля таго-ж ён стараўся аднавіць і пашырыць наш стары, праўдзівы нацыянальны назоў «Крывічы»”[74].

Да гэтай ацэнкі Вацлава Ластоўскага, зробленай Янам Станкевічам, варта дадаць ягоныя заслугі ў рэдагаваньні й выдаваньні ў Коўне беларускага часопіса „Крывіч”, што, дарэчы, высока ацэньваецца сёньня беларускімі дасьледнікамі[75]. В. Ластоўскі зьяўляецца таксама аўтарам многіх кніжных выданьняў: такой грунтоўнай працы, як згаданая *Гісторыя беларускай (крыўскай) кнігі*, падручнікаў *Кароткая гісторыя*, *Першае чытаньне. Кніжыца для беларускіх*

ruthenica, № 4, Мінск 1995, с. 316–320; Тамара Сухая, Людміла Шлома, Васіль Юфераў, *Вацлаў Ластоўскі і здабыткі беларускай матэматычнай тэрміналогіі*, тамсама, с. 320–323; Станіслаў Ярашэвіч; *Медыцынскія назвы ў Слоўніку Вацлава Ластоўскага і сучасны стан беларускай медыцынскай тэрміналогіі*, тамсама, с. 323–325.

[73]Сяргей Сідор, Генадзь Смалякоў, *Спадчына Вацлава Ластоўскага і распрацоўка беларускай навуковай тэрміналогіі*, тамсама, с. 317.

[74]Янка Станкевіч, *Вячаслаў Ластоўскі*, у: „Бацькаўшчына”, № 48 (179), Мюнхэн, 6 сьнежня 1954, с. 4.

[75]Алесь Пашкевіч, *Сейбіт сьвятла. Літаратурна-выдавецкая дзейнасьць Вацлава Ластоўскага*, у: Беларусіка – Albaruthenica, № 4, Мінск 1995, с. 325–333.

дзетак дзеля навукі чытаньня, чытанак *Незабудка* й *Сейбіт*, хрэстаматыі *Выпісы з беларускай літаратуры*.

„Педагагічная спадчына В. Ластоўскага павінна шырока ўлівацца ў змест, формы і метады сучаснага выхавання і адукацыі. Яна дазваляе кожнаму выпрацаваць свой нацыянальны ідэал, заснаваны на гістарычных традыцыях і постацях, глыбока ўсвядоміць маральныя каштоўнасці, вызначыць высакародныя мэты жыцця і тым самым стварыць важныя стымулы для фармавання нацыянальнай свядомасці”[76].

Пра ролю Вацлава Ластоўскага ў адраджэньні й пашырэньні беларускае мовы ды беларускае нацыянальнае ідэі сьведчыць Міжнародная навуковая канфэрэнцыя „Вацлаў Ластоўскі – выдатны дзеяч беларускага адраджэньня”, прысьвечаная 110-м угодкам з дня нараджэньня вучонага, пісьменьніка й грамадзкага дзеяча, якая была сарганізаваная ў 1993 годзе ў Наваполацку[77].

[76] Святлана Снапкоўская, *Шляхі выхавання нацыянальнай самасвядомасці ў педагагічнай спадчыне Вацлава Ластоўскага*, у: Беларусіка – Albaruthenica, № 4, Мінск 1995, с. 261–262.

[77] *Матэрыялы Міжнароднай навуковай канфэрэнцыі „Вацлаў Ластоўскі – выдатны дзеяч беларускага адраджэння”, прысвечанай 110-й гадавіне з дня нараджэння вучонага, пісьменніка і грамадскага дзеяча*, тамсама, с. 236–356.

Пиказьнік імёнаў

www.ingramcontent.com/pod-product-compliance
Lightning Source LLC
LaVergne TN
LVHW010054170826
845678LV00012B/2135

* 9 7 8 1 9 1 5 6 0 1 3 1 5 *